WAS IST WAS
FLUGZEUGE
Der Traum vom Fliegen
TESSLOFF

WAS IST WAS
HUNDE
Helden auf vier Pfoten
TESSLOFF

WAS IST WAS
DINOSAURIER
Im Reich der Riesenechsen
TESSLOFF

WAS IST WAS
PLANETEN
UND RAUMFAHRT
Expedition ins All
TESSLOFF

WAS IST WAS
PFERDE
Von frechen Fohlen und wilden Mustangs
TESSLOFF

WAS IST WAS
MINERALIEN
UND GESTEINE
Funkelnde Schätze
TESSLOFF

WAS IST WAS
DER MENSCHLICHE KÖRPER
Wunderwerk der Natur
TESSLOFF

WAS IST WAS
AUTOS
PS, Hybrid und Turbostars
TESSLOFF

WAS IST WAS
DAS ALTE ÄGYPTEN
Goldenes Reich am Nil
TESSLOFF

WAS IST WAS
PIRATEN
Schrecken der Meere
TESSLOFF

WAS IST WAS
SPINNEN
Jäger am seidenen Faden
TESSLOFF

WAS IST WAS
DIE SIEBEN WELTWUNDER
Schätze der Antike
TESSLOFF

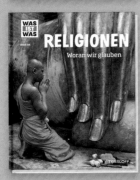

WAS IST WAS
RELIGIONEN
Woran wir glauben
TESSLOFF

WAS IST WAS
BURGEN
Zeugen des Mittelalters
TESSLOFF

WAS IST WAS
EUROPA
Menschen, Länder und Kultur
TESSLOFF

WAS IST WAS
FEUERWEHR
Retter im Einsatz
TESSLOFF

WAS IST WAS
MODE
Was uns anzieht
TESSLOFF

WAS IST WAS
GEHEIMNIS TIEFSEE
Leben in ewiger Finsternis
TESSLOFF

Oliver Vogt

Die Reihe wird fortgesetzt.

Ein  Buch

Fußball

Von Christoph Bausenwein

Illustriert von Uli Knauer

TESSLOFF

WAS IST WAS

Die Schreibweise entspricht den Regeln der neuen Rechtschreibung.

BILDQUELLENNACHWEIS:

FOTOS: 1. FC Union Berlin: 77ur, AC Mailand: 90m, action press: 47mr, 1000l, Adidas AG: 1mr, 30/31m, 33um, 112ul, 113o, Ajax Amsterdam: 900r, Archiv des Autors: 60m, 6ul, 21ur, 21mr, 210l, 210m, 220r, 22ml, 22mr, 230, 23u, 25um, 25mr, 34ml, 45mr, 480l, 490r, 52ml, 530, 620, 630, 63u, 650, 66/67u, 940l, 95ur, 950r, 990, 1020l, 1020r, Archiv Tessloff: 110 (Hg.), Arminia Bielefeld: 770l, associated press: 11mr, Bongarts: 73u, bpk, Berlin: 200, 20ml, Eintracht Braunschweig: 760r, FC Barcelona: 910, FC Liverpool: 90ur, Getty: 9ul, 11ml, 370, 57or, 66or (Lutz Bongarts/Bongarts) 85u (Martin Rose/Bongarts) 85ur (A. Hassenstein/Bongarts) 99ul (Bongarts) Grashopper Zürich: 210r, imago: 00/01 (Hg.), 26mr, 360l (GEPA pictures), 39mr (Ulmer), 400r, 58ul, 68ul (Contrast), 69um, 70ml (Contrast), 710 (Kicker / Liedel), 78/790 (Luka Dakskobler), 86 (Gribaudi / ImagePhoto), 920r, 92ur, 93, 100u, 1010l, 1010r, 102u, 1030, 103u, Inter Mailand: 91u, Juventus Turin: 91ml, K. Schmidtpeter: 320, 96u, Karlsruher SC: 76m, Liedel, Herbert: 32ml, 330r, 35ol, 38u, 42or, 44 (Hg.), 44ol, 46 (Hg.), 49ul, 50ml, 54ol, 67mr, 70ol, 71ur (imago/Kicker), MSV Duisburg: 76ul, Müller, Horst: 350, 420, 43mr, 49u, 56ml, 56u, 61or, 61or, 62ml, 66ml, 69or, 730, 80ol, 80ul, 80um, 80ur, 810, 82u, 85or, 88ol, 92ul, 93or, 960, 97u, 980, 98ml, 99ur, 101um, Museen der Stadt Wien: 53u, National Football Museum, Preston: 2/30, 60l, 7ur, 8u, 8/9m, 90, 110r, 120, 12ul, 130, 140l, 140m, 14ul, 14/15um, 15r, 15u, 16or, 16l, 160m, 170, 17mr, 17um, 17ul, 180, 190r, 240l, 240m, 24ul, 25ol, Picture Alliance: 11ur (Photoshot), 250m (J. Rahn/Pressefoto Baumann), 260, 270r (J. Huebner/Foto Huebner), 27mr, 27u, 30u (M. Brandt/dpa), 32ur, 33ur (F. Hoermann/S. Simon), 39ul (J. Fromme/augenklick/firo Sportphoto), 400, 410l (E. Canha/landov), 43ul (M. Volkmann/Mika), 44or (J. Fromme/augenklick/firo Sportphoto), 47ol, 48ur (Pic-Agency Sweden/Offside Sports Photography), 49om (Oryk Haist/S. Simon), 50ul, 51ur (Huebner/Vogler/Foto Huebner), 54ml, 55ul (Eibner-Pressefoto), 55mr, 56or (EXPA/Alterphotos/Alvaro Hernandez/www.picturedesk.com), 57ul (Huebner/Vogler/Foto Huebner), 59mr (B. Thissen), 59or (H. Wieseler), 60ul (Laci Perenyi/augenklick), 61ml, 67ur (sampics/S. Matzke/augenklick), 68o (Werek), 70u (Rauchensteiner/augenklick), 70mr (firo Sportphoto/augenklick), 79ml (firo Sportphoto/back pages images/augenklick), 820 (firo Sportphoto/augenklick), 830 (S. Simon), 83u, 87u (P. Schatz), 87om (E. Kremser/S. Simon), 89mr (M. Gambarini), 89u (Pressefoto Ulmer), 92ol, 92um, 103mr, 104or, 104ul, 105u (A. Fleig/S. SIMON), 1050m, 1050r, 106/1070 (M. Brandt), 107ur (firo Sportphoto/news pix/augenklick), 1070m (firo/El-Saqqa/augenklick/firo Sportphoto), 1080 (E. Kremser/S. Simon), 108ol (S. Sudheimer/INSIDE-PICTURE), 1090r (firo/El-Saqqa/augenklick/firo Sportphoto), 109u (Liao Yujie/landov), 110ur, 110ul (1), 1100m (2), 110m (3), 110or (4), 111ul (1), 1110 (2), 111mm (3), 111mr (4), 111ur (5), 1120m, 113mr (firo Sportphoto/Mexsport/augenklick), Real Madrid: 90ul, Shutterstock: 45ul, 93u, 106ul, Ullstein: 10ur, 19ul, 300l, 310r, 38ml, 46l, 47ur, 51or, 53mr, 540m, 580, 640l, 64ul, 65u, 67or, 73mr, 80mr, 81u, 84ol, 84ul, 85mr, 890, 94m, 94ur, 95ol, 95ul, 97or, 101ur

UMSCHLAGFOTOS: U1: Picture Alliance (augenklick/firo Sportphoto), U4: Erica Ramalho/Portal da Copa/Março de 2013

VORSATZ: Shutterstock (VikaSuh) ol, Shutterstock (Smit) ur

ILLUSTRATIONEN: Uli Knauer, Nürnberg

LAYOUT: Uli Knauer, Johannes Blendinger, Nürnberg

Redaktionsschluss dieser Ausgabe: Februar 2014

Special thanks to Hugh Hornby of The National Football Museum for supporting this project.

Copyright © 2014, 2006 TESSLOFF VERLAG, Burgschmietstraße 2–4, 90419 Nürnberg
www.wasistwas.de • www.tessloff.com

ISBN 978-3-7886-1495-9

Vorwort

Zur WM 2014 in Brasilien ist Deutschland wieder im Fußballfieber! Bei den letzten beiden Weltmeisterschaften hat das deutsche Team die Fans in aller Welt mit seinem tollen Spiel begeistert. 2010 in Südafrika erreichte es wie 2006 in Deutschland den dritten Platz. Aber Fußball besteht natürlich nicht nur aus Weltmeisterschaften. Das Schöne am Fußball ist ja, dass es immer weitergeht: Da gibt es die Bundesliga, den Europapokal – und natürlich die Europameisterschaft, die 2012 in Polen und der Ukraine stattfand. Die Begeisterung für Fußball war wohl noch nie so groß wie heute.

Neu ist sie freilich nicht. Schon seit rund 100 Jahren ist Fußball weltweit die Sportart Nr. 1. In welches Land der Erde man auch kommt – fast überall zieht er die Menschen in seinen Bann. Nicht nur in Europa und Amerika, auch in Afrika und Asien ist Fußball der mit Abstand beliebteste Freizeitsport. Überall wird gekickt, sei es mit Blechbüchsen auf Hinterhöfen oder mit Bällen auf Bolzplätzen, sei es spontan mit wild zusammengewürfelten Mannschaften auf holprigen Wiesen oder nach offiziellen Regeln mit 22 Spielern in großen Stadien. Die Menschen sind vom Fußball begeistert, ganz gleich, ob sie arm sind oder reich, dumm oder gescheit, dick oder dünn, jung oder alt. Fußball kann an jedem Ort gespielt werden und schließt niemanden aus.

Aber die Leute spielen nicht nur gerne selbst, sie schauen auch begeistert anderen beim Fußball zu. Tausende feuern im Stadion ihre Mannschaft an, Millionen fiebern vor dem Fernseher mit. „Warum gehen so viele Menschen zum Fußball?", wurde der ehemalige Bundestrainer Sepp Herberger einmal gefragt. Er antwortete: „Weil keiner weiß, wie's ausgeht." Man könnte hinzufügen: Und weil jeder weiß, worum es geht. Denn Fußball ist einfach zu begreifen. Deswegen bringt er so viele Menschen zusammen. Selbst wenn sie unterschiedliche Sprachen sprechen, über die großen Stars und Spiele kann man sich immer verständigen. Kein Wunder also, dass die „schönste Nebensache der Welt" einen besonderen Namen bekommen hat: „König Fußball". Dieses WAS IST WAS-Buch enthält auf 121 reich bebilderten Seiten alles Wissenswerte zum Thema Fußball und einen WM-Spielplan für die WM 2014. Du erfährst viel Spannendes über die Geschichte des Spiels, über die Entstehung des modernen Fußballs, über Welt- und Europameisterschaften, Meisterschaften und Pokal-wettbewerbe in Deutschland und Europa, über tolle Spiele und berühmte Spieler. Darüber hinaus werden Regeln, Technik und Taktik erklärt. Extraseiten sind dem Jugend- und dem Frauenfußball gewidmet. Nicht erst seit der Frauen-Weltmeisterschaft 2011 in Deutschland hat der Fußball auch immer mehr weibliche Fans.

Inhaltsverzeichnis

Bundesliga-Rekorde

Fußball in der DDR

Vereine der Bundesliga

Jugendfußball

Der Europacup

Fußball weltweit – Die großen Turniere

tsverzeichnis

Das japanische Spiel Kemari (Abbildung aus dem 19. Jh.) soll einer Legende nach von drei chinesischen Fußballgeistern mit Menschengesichtern und Affengliedern nach Japan gebracht worden sein.

„Brustballspieler" der Maya mit großem Kautschukball und typischem Brustpanzer

Wie der Fußball auf die Welt kam

Was ist eigentlich Fußball?

Die Spielidee beim Fußball ist ganz einfach: Zwei Mannschaften treten gegeneinander an mit dem Ziel, einen Ball über die Torlinie ins gegnerische Tor zu befördern. Das Besondere daran ist, dass der Ball, wie der Name schon sagt, mit dem Fuß gespielt wird. Nur der Torwart darf innerhalb seines eigenen Strafraums Hände und Arme benutzen. Sieger ist immer die Mannschaft, die am Ende der Spielzeit mehr Tore erzielt hat.

Wer spielte zuerst einen Ball mit dem Fuß?

Ballspiele, bei denen der Einsatz der Hände verboten war, gibt es schon sehr lange. Die ältesten Ballspiele dieser Art entstanden in Asien. In China soll das Spiel „T'suh-küh", das bedeutet übersetzt „einen Ball mit dem Fuß stoßen", schon im Jahr 2967 v. Chr. von dem legendären Kaiser Huang-Ti erfunden worden sein. Zur Zeit der Han-Dynastie (206 v. Chr. – 220 n. Chr.) gab es ein Handbuch des Fußballspiels, in dem über 70 typische Spielzüge aufgezählt wurden. Neben dem „Stoß-Fußball" war in China auch der „Kreisfußball" verbreitet, bei dem ein mit Federn gefüllter Ball mit Fuß oder Knie möglichst lange in der Luft gehalten werden musste. Verschiedene Varianten dieses Spiels haben sich später

Die älteste bekannte Darstellung eines Fußballspielers, ein Steinabrieb aus China (124 n. Chr.). Die Schusstechnik wirkt ganz modern.

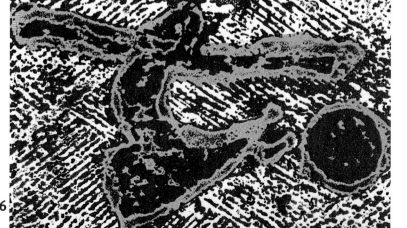

Ballwettläufer aus Arizona mit kleinem Holzball

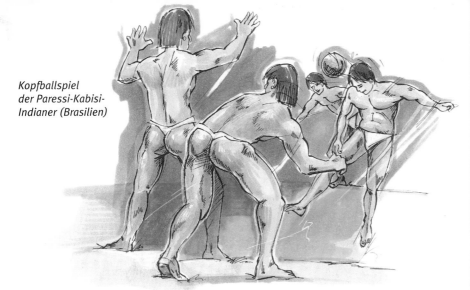

Kopfballspiel der Paressi-Kabisi-Indianer (Brasilien)

in ganz Asien ausgebreitet. In Japan ist das sogenannte Kemari, das man auf einem 14 x 14 Meter großen Sandplatz spielte, schon seit dem 7. Jahrhundert n. Chr. nachweisbar.

Nicht nur in Asien, auch in Mittelamerika waren seit der Olmeken-Kultur um 1300 v. Chr. fußballähnliche Spiele sehr beliebt. Die Azteken zum Beispiel traten mit Mannschaften, die aus zwei bis sieben Spielern bestanden, zum „Ulama" an. Ziel des Spiels war es, einen massiven Kautschukball durch einen steinernen Ring zu stoßen, der an der Längsseite des etwa 50 Meter langen, rechteckigen Spielfeldes angebracht war. Um dieses Ziel zu erreichen, war viel Geschicklichkeit erforderlich: Die Spieler durften den Ball nur mit der Hüfte, dem Gesäß oder dem Knie stoßen.

Wurde auch in Amerika und Europa Ball gespielt?

In Amerika gab es auch noch eine Reihe anderer seltsam anmutender Ballspiele. Bei den Maya zum Beispiel spielte man, mit regelrechten Ritterrüstungen gepanzert, nur mit der Brust. Andere Indianervölker kannten Spiele, bei denen nur der Kopf oder die Schulter benutzt werden durften. Wieder andere trieben in Ballwettläufen kleine Holzkugeln über Distanzen von mehreren Kilometern. Selbst die Eskimos betrieben eine Art Fußballspiel. In Europa kannten die Griechen und Römer Ballspiele, die wie Übungen im modernen Fußballtraining anmuten.

Weder die Griechen oder Römer noch die Azteken oder Chinesen können allerdings als Erfinder des Fußballspiels gelten. Denn bei all diesen „Fußballspielen" handelte es sich eher um Geschicklichkeitswettbewerbe und nicht um Spiele, bei denen zwei Mannschaften, wie im heutigen Fußball, in direktem Körperkontakt um einen Ball kämpfen.

Aztekisches „Steißballspiel" nach einer Skizze aus dem Jahr 1529

BALLSPIEL UND RELIGION

Der alte chinesische Fußball wurde vor allem von Soldaten gespielt. Er war Freizeitbeschäftigung und körperliches Training zugleich. Bei den meisten anderen Völkern jedoch waren die Ballspiele kein bloßer Zeitvertreib, sondern ein Teil der Religion. Bei den meist im Frühjahr veranstalteten kultischen Spielen ging es darum, eine Verbindung zu den Göttern und zum Jenseits herzustellen. Das Ergebnis des Spiels wurde als Offenbarung des göttlichen Willens gedeutet: Je nachdem, ob es günstig oder ungünstig ausfiel, sahen die Menschen darin ein Zeichen für gute Ernten und Fruchtbarkeit oder eben für das Gegenteil. Je länger es zum Beispiel beim japanischen Kemari gelang, den etwa 22 Zentimeter großen Lederball in der Luft zu halten – durchschnittlich waren es 300 bis 400 Stöße, als Rekord ist ein Spiel mit über 5000 Stößen überliefert –, desto größer, so glaubte man, würde die Gunst der Götter ausfallen.

Fuß- und Handballspiele der Grönland-Eskimos (aus einem dänischen Reisebuch von 1763)

7

BALLSCHLACHTEN

Die urtümlichen Formen des Fußballspiels, wie wir sie seit dem Mittelalter aus England kennen, waren wild und von gewöhnlichen Raufereien kaum zu unterscheiden. Ähnliche Raufspiele gab es auch in Nordfrankreich, wo sie unter dem Namen „Soule" bekannt waren. Sogar die alten Römer und Griechen kannten „Ballschlachten" mit Hunderten von Teilnehmern. So ist es eigentlich eher seltsam, dass derartige Spiele in Deutschland nicht bekannt waren.

So könnte ein Fußballspiel im mittelalterlichen London ausgesehen haben. Jeder, der Lust hatte oder zufällig des Weges kam, beteiligte sich an der wilden Rauferei.

Woher kommt der Name „Fußball"?

Im Jahr 1314 taucht in England erstmals der Begriff „Fußball" (englisch „football") auf, und zwar in einer Bekanntmachung des Bürgermeisters von London, in der das Fußballspielen in der Stadt verboten wurde. Bei dieser frühen Form des Fußballs handelte es sich um ein wildes und oft brutales Geraufe, bei dem schwere Verletzungen keine Seltenheit waren. Es war dabei egal, mit welchem Körperteil man den Ball berührte. Das Spiel mit der Hand war genauso erlaubt wie das mit dem Fuß. Es gab kein Spielfeld, selbst die Spielerzahl und die Spieldauer waren nicht festgelegt. Nicht einmal zwischen Zuschauern und Spielern wurde eindeutig unterschieden. Wenn jemand einen Ball in die Menge warf, waren alle Umstehenden sofort dabei. So kam es manchmal zu Spielen mit Hunderten von Teilnehmern, auf dem Land spielten oft ganze Dörfer gegeneinander.

Warum dieses Spiel als „Football" bezeichnet wurde, weiß man nicht genau. Vermutlich hat der Name damit zu tun, dass es im Gegensatz zu den Adelsspielen, die meist zu Pferde ausgetragen wurden, zu Fuß gespielt wurde. Es könnte aber auch sein, dass sich der Name auf die Größe des ausgestopften Lederballes bezog. Dieser hatte einen Durchmesser von einem englischen Fuß (etwa 30 Zentimeter).

Klassischer Derby-Ball aus Ashbourne

Dieser Kupferstich zeigt ein spontanes und regelloses Fußballspiel von Soldaten um 1820. Das urtümliche Fußballspiel war so gefährlich, dass Knochenbrüche keine Seltenheit waren, manchmal gab es sogar tödliche Verletzungen.

Die Geschichte des wilden Fußballs von seiner ersten schriftlichen Erwähnung im Jahr 1314 bis zu seinem endgültigen Aus im Jahr 1847 ist eine Geschichte der Verbote. Immer wieder versuchten die staatlichen Behörden, zum Teil sogar unter Einsatz von Soldaten, das beliebte Spiel zu verbieten. Gewalttätige Spiele wie der Fußball, so hieß es, erhitzten die Gemüter der Menschen und könn-

> **Warum wurde der wilde Fußball in England verboten?**

ten leicht zu Aufruhr und Rebellion führen.

Alle Verbote jedoch konnten über Jahrhunderte hinweg nichts an der Beliebtheit dieses rauen Vergnügens ändern. Erst im 19. Jahrhundert, als das Leben in den großen Städten zivilisierter geworden war, konnte das Fußball-Verbot polizeilich durchgesetzt werden. Ganz verschwunden ist der volkstümliche Fußball aber auch heute noch nicht. Alljährlich am Faschingsdienstag wird in Ashbourne, einem kleinen Ort in Mittelengland, ein Spiel nach traditioneller Art durchgeführt. So wild wie früher geht es dabei allerdings nicht mehr zu, denn es ist in erster Linie eine Veranstaltung für Touristen.

Der Volksfußball in England wurde hauptsächlich mit der Hand gespielt und notfalls auch im Wasser fortgesetzt (Szene vom Traditionsspiel in Ashbourne, 1931).

DERBY

Die meisten traditionellen Fußballspiele fanden im Fasching zwischen benachbarten Stadtteilen oder Gemeinden statt. Am bekanntesten war das Spiel in der englischen Stadt Derby, wo sich alljährlich am Faschingsdienstag zwei Kirchengemeinden gegenüberstanden. An dem sechs Stunden dauernden Spiel nahmen bis zu tausend Menschen teil. Es wurde so berühmt, dass man bis heute die Spiele zwischen benachbarten Fußballteams – zum Beispiel zwischen Bayern München und 1860 München – als „Derby" bezeichnet. Derbys gelten als besonders heiß umkämpfte Spiele. Wie chaotisch es beim Derby im Jahr 1829 zuging, wissen wir aus dem Bericht eines Augenzeugen. Das Spiel begann um die Mittagszeit auf dem Marktplatz. Dort hatten sich die Mannschaften beider Gemeinden aufgestellt. Dann wurde ein großer Ball in ihre Mitte geworfen. Sogleich stürzten sich einige der stärksten und schnellsten Männer jeder Mannschaft auf ihn und versuchten, ihn an sich zu reißen. Der Rest der Spieler schloss sich ihnen an, und im Nu hatte sich ein undurchdringliches Knäuel aus Armen, Beinen und Leibern gebildet. Irgendwie versuchte nun jede Partei, die raufende Menschenmenge in die Richtung des gegnerischen Tores zu treiben.

So könnte ein Calcio-Spieler im 17. Jahrhundert ausgesehen haben.

Wer erfand die ersten Fußballregeln?

In Italien gab es vom 15. bis ins 18. Jahrhundert ein Spiel namens Calcio, das, wie schon der Name sagt, mit einem Fußtritt begonnen wurde (das italienische Wort „calcio" bedeutet auf Deutsch „Fußtritt"). Neben dem gewöhnlichen Calcio, der den englischen Raufspielen ähnelte, gab es auch eine Art „Edelcalcio" (Calcio a livrea, „livrea", besonderer Anzug), der den Adligen vorbehalten war. Aus den frühen Regelbüchern von Antonio Scaino (1555, für den Calcio in Parma und Venedig) und Giovanni de Bardi (1580, für den Calcio in Florenz) geht zwar hervor, dass keines dieser Spiele ein reines Fußballspiel war, doch das Spiel mit dem Fuß war auf jeden Fall erlaubt. Beide Spiele lassen sich wohl am ehesten mit dem heutigen Rugby vergleichen. Vermutlich haben die italienischen Regeln auch die Fußballspiele beeinflusst, die später in den englischen Eliteschulen verbreitet waren.

Im Sinne einer militärischen Ertüchtigung sollte der Calcio die jungen Adligen einerseits körperlich und geistig trainieren, andererseits sollte der Fußballplatz aber auch als Bühne dienen, auf der die Reichen und Edlen ihre Tugenden zur Schau stellen konnten. Vom Volksspiel unterschied sich dieser Fußball der Vornehmen vor allem dadurch, dass das Werfen des Balles mit offener Hand als „dumm und unschön" verpönt war. Alle Aktionen hingegen, die eine besondere Geschicklichkeit verlangten – wie zum Beispiel das Vorantreiben eines Balles mit dem Fuß – galten als besonders fein. Entscheidend für den Spielerfolg sollte nicht, wie im derben Volksspiel, die rohe Gewalt sein, sondern kluges Vorgehen und tänzerische Eleganz.

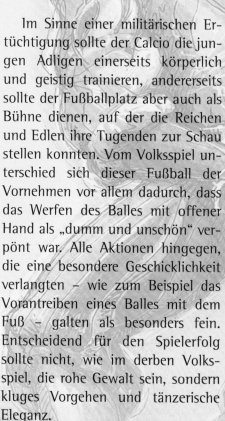

Calcio in Venedig. Dieses Gemälde von 1779 zeigt, dass die Calcio-Tore „echten" Torbögen ähnelten. Man vermutet, dass sich der Calcio aus einem Wettbewerb entwickelte, der bei mittelalterlichen Ritterturnieren üblich war und die Eroberung eines Burgtores zum Ziel hatte.

Bei den Fußballspielen zwischen jüngeren und älteren Schülern bezogen die „Kleinen" oft heftige Prügel. Nach dem Anpfiff werden die Älteren (rechts) über die Jüngeren herfallen.

Eton Field Game (1909)

Wie erfanden englische Schüler den modernen Fußball?

Ende des 18. Jahrhunderts waren die alten und brutalen Formen des Volksfußballs in England weitgehend ausgerottet. Doch in den englischen Internaten lebten sie weiter: Dort, in den sogenannten „Public Schools" für die Söhne wohlhabender Engländer, waren fußballähnliche Wettkämpfe sehr beliebt. Die Spiele, die in Eton, Harrow, Rugby und anderen Privatschulen betrieben wurden, unterschieden sich stark voneinander. Jede Schule hatte ihr eigenes Spiel mit mündlich überlieferten Regeln. Das bekannteste ist das erstmals für das Jahr 1717 belegte „Wall Game" in Eton. Die Tradition dieses komplizierten „Mauerspiels" wird bis heute gepflegt. Angeblich ist sogar das in den „Harry Potter"-Büchern beschriebene „Quidditch" diesem historischen Mauerspiel nachempfunden.

So unterschiedlich die Spiele an den verschiedenen Schulen auch waren, eines hatten sie alle gemeinsam: Sie waren sehr gewalttätig. Beim „Mauerspiel" in Eton war es zum Beispiel erlaubt, den Gegner mit dem Kopf vor die Mauer zu stoßen. Verantwortlich für diese Härte war vor allem das Herrschaftssystem in den Public Schools, das auf der Unterwerfung der Jüngeren durch die Älteren beruhte. Alle Jungen, die neu an die Schule kamen, wurden erst einmal beim Fußball verprügelt. Danach waren die „Kleinen" so eingeschüchtert, dass sie bereitwillig den „Großen" zu Diensten waren. In der Public School von Shrewsbury trug das brutale Ballspiel denn auch den Namen „Sklavenspiel".

Im Laufe der Zeit bemühten sich einige Lehrer darum, die Härte dieser brutalen Wettkämpfe zu mildern. Sie führten Regeln ein, die das Spiel kontrollierbar machen und die Gewalttätigkeit eindämmen sollten. Die ersten schriftlichen Regeln wurden, angeregt von Schulleiter Thomas Arnold, 1845 in der Schule von Rugby festgelegt. In Rugby spielte man Fußball „mit der Hand" – Rugby eben. In Eton hingegen, wo 1849 die Regeln für das neu erfundene Feldspiel („Field Game") festgelegt wurden, galt die Vorschrift, dass die Berührung des Balles mit der Hand zu vermeiden sei.

Fußballtrikot von Eton (Field Game)

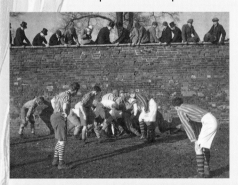
Beim Eton Wall Game ist das Spielfeld nur 4,5 Meter breit, aber 107 Meter lang und auf einer Seite von einer Mauer begrenzt. Viele Tore fallen in diesem Spiel nicht – zwischen 1849 und 1973 waren es lediglich drei.

Prinz Harry beim Eton Wall Game

Fußball- und Rugby-Spieler im Jahr 1881. Obwohl sich die beiden Sportarten zu diesem Zeitpunkt bereits getrennt hatten, posierten die Stars noch gemeinsam für den Zeichner.

Wie entstanden die ersten allgemeinen Fußballregeln?

Mitte des 19. Jahrhunderts überlegten sportbegeisterte Studenten an den Universitäten von Cambridge und Oxford, wie die unterschiedlichen Football-Regeln, die sie aus ihren Herkunftsschulen kannten, zu allgemein gültigen Regeln vereinheitlicht werden könnten. Sie wollten ein Football-Spiel erfinden, das die Vorteile des in Rugby üblichen Spiels mit den besten Elementen aus den Spielen vereinigte, die in Eton, Harrow und anderswo üblich waren.

Wie nicht anders zu erwarten, stritt man sich vor allem darüber, ob der Ball nur mit dem Fuß oder aber auch mit der Hand gespielt werden durfte. Die Rugby-Anhänger waren für das Spiel mit der Hand, denn es machte den Sport um vieles härter und kämpferischer.

Am 26. Oktober 1863 versammelten sich in der Gaststätte „Freemasons Tavern" die Vertreter von elf Londoner Schulen und Klubs, um einen nationalen Verband – die sogenannte „Football Association" – zu gründen. Bei dieser Versammlung waren auch die Rugby-Anhänger noch dabei. Bei weiteren Treffen diskutierte man die Regeln, die für die Football Association gelten sollten. Doch schon nach kurzer Zeit kam es zum Bruch zwischen der „Fuß-" und der „Hand-Partei". Die Fuß-Partei setzte sich für Regeln ein, die bereits 1848 an der Universität Cambridge entworfen worden waren. In diesen „Cambridge Rules" war es nicht erlaubt, den Ball mit den Händen zu halten oder zu schlagen. Sie wurden nun zur Grundlage des Regelwerks, das der englische Fußballverband 1863 aus-

Die „Freemasons Tavern" (Freimaurer-Taverne), das Gründungslokal des englischen Fußballverbandes

Dieses Bild von 1895 zeigt
ein Spiel zwischen den Uni-
versitätsmannschaften von
Oxford und Cambridge.

arbeitete. Die Rugby-Anhänger konnten sich mit ihren Vorstellungen nicht durchsetzen. Sie traten daraufhin aus der Football Association aus und gründeten im Jahr 1871 ihren eigenen Verband, die Rugby Union.

Außer der Frage, ob man den Ball

> **Warum wurde das „Hacking" im Fußball verboten?**

nun nur mit dem Fuß spielen durfte oder nicht, gab es unter den Mitgliedern der Gründungsversammlung von 1863 noch einen weiteren strittigen Punkt: ob es zulässig sei, dem Gegner in die Beine zu treten. Beim Rugby nämlich war dieses sogenannte „Hacking" erlaubt, beim Association-Football hingegen sollte es, wie die Mehrheit meinte, verboten sein.

Viele befürchteten, dass das Hacking wegen des Verletzungsrisikos die angestrebte Verbreitung des Spiels verhindern könnte. Andere hingegen, insbesondere F. W. Campbell, der Wortführer der Rugby-Partei, waren der Ansicht, dass ein Verbot des Hackings das Wesen des Spiels zerstören würde: „Auch nach dem Gegner zu treten, das ist wahrer Fußball.

Die in Cambridge hatten kein Recht, dagegen eine Regel einzuführen. Sie scheint für jene gemacht, die lieber ihre Pfeife, ihren Grog und ihren Schnaps mögen als das mannhafte Spiel. Ich glaube, die Einwände gegen das Treten kommen von Leuten, die einfach zu alt für den Geist dieses Spiels sind."

Campbell konnte mit seiner Meinung nicht durchdringen. Die Mehrheit wollte lieber ein zivilisiertes, ungefährliches Spiel. So setzte sich unter der Bezeichnung „Soccer" (abgeleitet von „Association Football") ein Spiel durch, bei dem es, anders als beim Rugby, nicht nötig war, die Brutalität mit vielen Vorschriften einzuschränken. Die Soccer-Regeln waren leicht durchschaubar, und jeder konnte mitmachen, unabhängig davon, wie kräftig er war.

ERSTES LÄNDERSPIEL

Bereits 1872 kam es zum ersten Länderspiel in der Geschichte des Fußballs. Das Match zwischen England und Schottland in Glasgow endete 0:0. Organisator des Spiels war Charles William Alcock, einer der wichtigsten Fußballpioniere. Der Begründer des berühmten Wanderers FC gilt nicht nur als „Vater des internationalen Fußballs", sondern auch als Erfinder des englischen Pokalwettbewerbs (F. A. Cup). 1872 wurde er mit den Wanderers erster Pokalsieger.

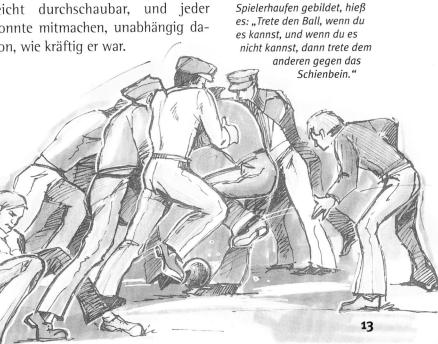

Hacking, wie es beim Spiel in der Schule von Rugby üblich war. Hatte sich ein Spielerhaufen gebildet, hieß es: „Trete den Ball, wenn du es kannst, und wenn du es nicht kannst, dann trete dem anderen gegen das Schienbein."

Beim disziplinierten und fairen Spiel: Gentlemen am Ball (Ende des 19. Jahrhunderts). Der Titel des Buches lautet übersetzt „Männer mit Feuereifer" und nimmt Bezug auf einen Vers von William Shakespeare.

Als der Schiedsrichter eingeführt wurde, trat das ein, was viele Gentlemen befürchteten: Die „Pfeifenmänner" wurden von Spielern und Zuschauern oft übel zugerichtet (Karikatur, Anfang 20. Jh.).

„THE CORINTHIANS"

Der legendäre Amateurklub „The Corinthians" wurde 1882 von „Pa" Jackson gegründet und repräsentierte die hohen Ideale des Gentlemen-Fußballs. Die Corinthians hatten zum Beispiel die Angewohnheit, Strafstöße absichtlich zu verschießen. Wenn sie selbst einmal aus Versehen einen Strafstoß verursacht hatten, ließen sie den Elfmeterschützen in ein leeres Tor schießen. Ihren Namen hatten sie einem Vers des englischen Dichters Shakespeare entnommen, der lautet: „Ein Korinther, ein Bursche mit Feuereifer, ein guter Junge."

Fußballschuhe um 1910. Sie haben nun verstärkte Kappen und genagelte Stollen.

Warum durften erst nur Gentlemen Fußball spielen?

Nachdem sich in London die Vertreter des „sanften" Fußballs gegenüber den Verfechtern des „harten" Rugby durchgesetzt hatten, gab es endlich einheitliche Regeln. Diese ähnelten den heutigen schon sehr deutlich, aber der Fußball war damit noch lange kein Volkssport. Sport war damals noch eine Sache, die ausschließlich den Gentlemen vorbehalten war. Als Gentleman galt nur der, der von vornehmer Geburt war und eine Ausbildung in einer der angesehenen Public Schools erhalten hatte.

Nur sehr zögernd wurden auch die sogenannten „einfachen" Leute zum Spielbetrieb zugelassen. Vor allem Rugby, so meinte man damals, sei ein hartes Spiel, das nur von Leuten betrieben werden sollte, die in der Lage seien, sich selbst zu beherrschen. Es sei daher nur für höfliche Gentlemen, nicht aber für rohe und unbeherrschte Arbeiter geeignet. Deswegen ließ man Arbeiter zunächst nur für den relativ gewaltfreien Soccer zu. Um „nicht-

gentlemanhaftes" Verhalten auf den Fußballplätzen zu unterbinden, führte die Football Association 1874 Schiedsrichter ein, die sogenannten „Umpires" (seit 1878 mit Pfeife), den Platzverweis (1877) und den Strafstoß (1891).

Was bedeutet der Begriff des „Fair Play"?

Den britischen Gentlemen ging es beim Sport nicht nur darum, dass sie gewannen. Viel wichtiger war ihnen, wie sie gewannen. Sie vertrauten so sehr auf das Ehrgefühl des Sportlers, dass sie in ihrem Regelentwurf von 1863 zunächst ganz darauf verzichteten, irgendwelche Bestimmungen über Schiedsrichter oder Frei- und Strafstöße festzulegen. Gentlemen, so waren sie überzeugt, brauchten keine Vorschriften, sondern sorgten selbst dafür, dass die Regeln eingehalten und keine unlauteren Mittel eingesetzt wurden. Fiel zum Beispiel einmal ein Spieler durch Verletzung aus, so

sorgten Gentlemen selbst für eine Wiederherstellung des Kräftegleichgewichts, indem ein Spieler der bevorteilten Mannschaft den Platz verließ.

Viele Gentlemen sahen mit der Einführung von Spielstrafen das Ideal des Fair Play, des fairen Spiels, in Frage gestellt. Als 1891 der Strafstoß eingeführt wurde, meinte C. B. Fry, einer der berühmtesten Gentlemen-Kicker jener Zeit: „Es ist eine Beleidigung des Ansehens von Sportsleuten, wenn sie unter einer Regel spielen müssen, die unterstellt, dass die Spieler ihrem Gegner absichtlich ein Bein stellen, treten und schlagen und sich benehmen wie üble Kerle der gewissenlosesten Sorte. Ich behaupte, dass die Linien, die den Strafraum markieren, eine Schande für das Spielfeld einer Public School sind."

Heutzutage werden an den Begriff des Fair Play, der un-

verändert auch ins Deutsche übernommen worden ist, nicht mehr ganz so hohe Ansprüche gestellt. Es kommt jedenfalls nur ganz selten einmal vor, dass ein Bundesligaspieler auf die Ausführung eines unberechtigten Strafstoßes verzichtet oder so anständig ist, ein von ihm begangenes Foul zu melden, wenn es der Schiedsrichter nicht gesehen hat.

C. B. Fry, ein berühmter Gentlemen-Fußballer, der sich 1891 über die neu eingeführte Strafstoßregel fürchterlich aufregte.

Ein Paar braune Herrenschuhe, wie sie auch die Spieler der Corinthians um 1895 trugen.

Gentlemen-Fußballer um 1900

Das Wappen von Arsenal London, dem als „Gunners" berühmt gewordenen Klub. Der Verein wurde 1886 von Arbeitern der Rüstungsfirma Woolwich Arsenal gegründet.

Oben: Die ersten Schienbeinschoner trug man über den Strümpfen.
Links: „Baines Cards" englischer Fußballvereine. Diese gedruckten Karten wurden als Serien paketweise verkauft und waren das erste begehrte Sammel- und Tauschobjekt von Fußballfans.

Warum wurde der Fußball zum Volkssport?

Entwickelt hatten das Fußballspiel junge Männer aus Adel und Bürgertum. Doch populär geworden ist es als Spiel der Arbeiter, die Ende des 19. Jahrhunderts rund drei Viertel der englischen Bevölkerung ausmachten. In Massen waren die Menschen vom Land in die Städte geströmt und mussten dort ohne die gewohnte Geborgenheit auskommen, die das heimatliche Dorf geboten hatte. Es waren vor allem die Fußballvereine im eigenen Wohnviertel, die ihnen seit den 1870er-Jahren eine Art „Ersatzheimat" boten. In den vielen kleinen Klubs, in denen man selbst kickte,

Rechts: Ein Ball und ein Paar Schienbeinschoner, wie sie nach 1900 modern waren. Deutlich zu sehen ist die damals übliche Verschnürung des Balles, die verhinderte, dass er richtig rund wurde. Die Schienbeinschoner trug man nun unter den Strümpfen.

hatte man die Gelegenheit, Freundschaften zu schließen und Gemeinsamkeiten zu pflegen. Und wenn man zusammen mit anderen ins Stadion ging, um „seine" Mannschaft anzufeuern, konnte man etwas erleben, das bei der anonymen Arbeit in der Fabrik nicht möglich war: das Gefühl, zu einer großen Gemeinschaft zu gehören.

Wo entstanden die ersten Arbeitervereine?

Viele Arbeitervereine wurden in Kirchengemeinden gegründet. Die Pastoren hatten in dem neuen Sport sehr schnell ein taugliches Mittel erkannt, um die Jugend von der Straße zu holen. Berühmte Vereine wie zum Beispiel der FC Everton, Aston Villa oder die Wolverhampton Wanderers haben sich aus kirchlichen Ursprüngen entwickelt. Ein weiterer wichtiger Entstehungsort von Fußballvereinen waren die Betriebe. Arsenal London war eine Gründung von Arbeitern einer Rüstungsfirma, Manchester United wurde von Eisenbahnarbeitern gegrün-

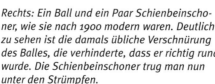

det. Andere Vereine wurden nicht von den Arbeitern, sondern von Unternehmern ins Leben gerufen, so zum Beispiel West Ham United. Der Besitzer der Thames Ironworks erhoffte sich durch Erfolge des United-Teams eine Verbesserung der Stimmung unter der Belegschaft. Und schließlich gab es auch etliche Vereine, die als Kneipenmannschaften starteten. Heute noch bedeutende Klubs wie Nottingham Forest und die Blackburn Rovers wurden an den Theken von englischen Bierlokalen, den Pubs, gegründet.

Seit den 1870er-Jahren schossen in England die Fußballvereine wie Pilze aus dem Boden. Doch ohne die Vorarbeit von Fußballpionieren, die das Spiel bei der Jugend populär machten, wäre das wohl kaum denkbar gewesen. Vor allem C. W. Alcock, Mitglied des Forest Club, den ehemalige Schüler der Public School von Harrow im Jahr 1859 gegründet hatten, warb voller Eifer für den neuen Sport. Pausenlos ging er mit seinem Klub

> **Wie verbreitete sich der Fußball unter der Jugend?**

auf Reisen, damit sich die Jugend überall für das Spiel mit dem runden Leder begeistern sollte. Sein später auf den Namen „Wanderers" umgetaufter Verein wurde auf diese Weise weithin berühmt.

Verantwortlich für den endgültigen Siegeszug des Arbeiterfußballs waren schließlich die staatlichen Grundschulen. Nach Ansicht vieler englischer Fußball-Forscher hat kaum jemand so viel für die Ausbreitung des Fußballs getan wie die Lehrer. Sie hatten den Fußball meist beim Studium kennen- und lieben gelernt und vermittelten ihre Leidenschaft nun an ihre Schüler weiter.

Vom Schulfußball bis zur Gründung eigener Vereine war es nur ein kleiner Schritt. Aus der Eigeninitiative von Schülern und Kindern entstanden viele Straßen- und Wohnviertelmannschaften, aus denen so berühmte Klubs wie die Queens Park Rangers oder die Tottenham Hotspurs hervorgingen.

Anzeige eines Fußball-Ausrüsters in einer Zeitschrift für junge Leute (1900)

Die Mannschaft von Preston North End, dem ersten Champion in der englischen Football League.

DIE UNBESIEGBAREN

Das Spiel der Gentlemen-Fußballer bestand vor allem aus Einzelaktionen, mit denen sich jeder Spieler hervortun wollte. So etwas wie Kombinationsfußball gab es noch kaum. Erst der Konkurrenzdruck unter den Profimannschaften sorgte dafür, dass sich die Spieler um ein wirkungsvolles Zusammenspiel bemühten. Preston North End war die erste Mannschaft, die solches „Teamwork" mit großem Erfolg betrieb: Weil sie in den Jahren 1888 und 1889 ohne Niederlage blieben, nannte man Prestons Spieler „die Unbesiegbaren".

> **Wann gab es die ersten Liga- und Pokalwettbewerbe?**

Nach der Gründung des englischen Fußballverbandes 1863 fand der Fußball rasch eine große Anhängerschaft. Um die wachsende Anzahl von Spielen zentral zu organisieren, wurde 1871 der Pokalwettbewerb eingeführt. Der Cup wurde schnell beliebt und brachte beträchtliche Einnahmen. Die Vereine wetteiferten nun verstärkt um den Erfolg und um die besten Spieler. Als Problem erwies sich dabei aber sehr schnell das K.o.-System der Pokalspiele. Hatte eine Mannschaft verloren, musste sie sich für den Rest der Saison mit Freundschaftsspielen gegen andere Verlierer begnügen, die natürlich viel weniger Zuschauer anlockten und so weniger Geld einbrachten.

Für Abhilfe sorgte schließlich die Einführung einer professionellen Fußballliga. Im April 1888 schlossen sich zwölf Klubs zur „Football League" zusammen. Die Liga garantierte eine feste Anzahl von Spielen und bot den Vereinen über die wenig berechenbaren Pokalspiele hinaus eine regelmäßige und verlässliche Einnahmequelle. Jetzt konnten die Klubs mit dem Fußball richtig Geld verdienen und sich mehr und mehr auch bezahlte Berufsspieler leisten. Bereits 1885 waren Profimannschaften offiziell erlaubt worden. Der Fußball konnte jetzt als Zuschauersport durchstarten. Profis und Amateure gingen von nun an getrennte Wege. Während am Cup-Wettbewerb alle Teams des britischen Verbandes teilnehmen durften, war die Liga allein für Profispieler reserviert.

Wie schnell der Fußball zum Massenereignis

Wie wurde der Fußball zum Massenereignis?

wurde, zeigen ein paar Zahlen: Nur 2 000 Zuschauer hatten das Cup-Finale von 1872 sehen wollen, doch schon 1901 barst der Londoner Crystal Palace, gefüllt mit 111 000 Zuschauern, aus allen Nähten. 1913 starteten allein aus der Stadt Birmingham 13 (!) Sonderzüge zum Pokalfinale nach London.

Der große Erfolg des Fußballs war allerdings nur möglich, weil es Ende des 19. Jahrhunderts in England wirtschaftlich bergauf ging. Die Löhne stiegen, der arbeitsfreie Samstag wurde allmählich eingeführt und das Eisenbahnnetz wurde weiter ausgebaut. Die einfachen Leute hatten jetzt genug Zeit und Geld, um Spiele zu besuchen. Und mit der Bahn konnten sie auch größere Entfernungen zurücklegen, um bei Auswärtsspielen ihres Klubs dabei zu sein.

Im gleichen Maße, wie der Fußball als Zuschauersport populär wurde, waren die Arbeiter auch selbst zu den Königen des Spiels geworden. Die Eintrittsgelder füllten die Kassen der Vereine und die Geldbeutel der Spieler. Diese konnten nun ihren

normalen Beruf aufgeben und mit dem Fußball ihr Geld verdienen.

Die Gentlemen-Spieler aus der höheren Gesellschaft, die im Fußball nur eine Freizeitbeschäftigung sahen, hatten gegen diese Profiteams schon bald keine Chance mehr. 1883 gewann mit Blackburn Olympic die erste professionell trainierte Arbeitermannschaft den Cup der Football Association. Die Gentlemen-Supermannschaft „The Corinthians" landete im Jahr 1884 ihren letzten großen Sieg, als sie dem Cup-Sieger Blackburn Rovers mit 8:1 das Nachsehen gab. Danach hatte sie gegen die professionellen Arbeitermannschaften keine Chance mehr.

Das Cup-Finale 1910 im Londoner Crystal Palace zog ungeheure Zuschauermassen in seinen Bann. Aston Villa aus Birmingham besiegte den Liverpooler FC Everton mit 3:2.

Die Mannschaft von Aston Villa in den dunkelroten Trikots mit hellblauen Ärmeln im Angriff auf das Tor von Sunderland (Gemälde von 1893). Aston Villa und Sunderland zählten in der Anfangszeit der englischen Liga zu den bedeutendsten Klubs.

DIE ERSTEN ARBEITER-PROFIS, die bei englischen Klubs in Lohn und Brot standen, waren ihren Kollegen in den Fabrikhallen vom Verdienst her etwa gleichgestellt. Bis 1914 betrug das Einkommen eines Vollprofis ungefähr vier Pfund in der Woche (das entspräche heute etwa 300 bis 400 Euro). Ein Eisenbahnarbeiter verdiente bei einer Wochenarbeitszeit von 54 Stunden etwa drei Pfund. Jahrzehntelang war für Profis eine Lohnobergrenze festgelegt. Noch 1960 betrug sie bescheidene 20 Pfund in der Woche.

In vielen deutschen Städten gab es rein englische Klubs, so in Leipzig und Dresden. Das Bild aus dem Jahr 1902 zeigt ein Spiel zwischen den „Football-Clubs" dieser Städte.

Das im Jahr 1892 ausgetragene Fußballspiel zwischen einer Berliner Auswahl und dem Dresdener FC war das erste in der deutschen Hauptstadt, das im Bild dargestellt wurde. Der Exerzierplatz „Einsame Pappel", auf dem es stattfand, war dann auch die erste Spielstätte des im selben Jahr gegründeten Vereins Hertha BSC.

England war im 19. Jahrhundert eine große See- und Handelsmacht. So kam es, dass britische Matrosen und Geschäftsleute den Fußball rasch in alle möglichen Länder exportierten. Bereits gegen Ende des 19. Jahrhunderts gab es kaum ein Land mehr, in dem nicht Fußball gespielt wurde. Für die schnelle Verbreitung sorgten vor allem englische Handelsschiffe, die in allen Hafenstädten der Welt anlegten. Nach Südamerika zum Beispiel gelangte der Fußball durch englische Seeleute, die in Rio de Janeiro (Brasilien), Montevideo (Uruguay) und Buenos Aires (Argentinien) an Land gingen und die Menschen dort mit dem Fußballspiel bekannt machten.

In Europa wurde der Fußball zuerst in der Schweiz bekannt und be-

Wie verbreitete sich der Fußball in aller Welt?

liebt. Bereits um 1860 wurde das Spiel von englischen Schülern eingeführt, die damals sehr zahlreich Schweizer Privatschulen besuchten. Schweizer spielten auch eine große Rolle bei der weiteren Verbreitung des Spiels. Zu vielen französischen Mannschaften gehörten Schweizer, und Schweizer waren auch maßgeblich beteiligt an der Gründung von Fußballklubs in Spanien (FC Barcelona, 1899) und Italien (Inter Mailand, 1908).

Die ersten erfolgreichen Klubs auf dem europäischen Festland kamen jedoch nicht aus der Schweiz, sondern aus Ungarn und Österreich. Die ältesten Wiener Fußballklubs, Austria und Vienna, haben nicht zufällig englische Namen: Gegründet wurden sie

Wie kam der Fußball nach Deutschland?

Embleme von
Vienna und
Austria Wien
sowie Grass-
hoppers Zürich

im Jahr 1894 von Arbeitern und Angestellten verschiedener englischer Unternehmen in Wien.

Auch in Deutschland wurden die ersten Vereine überall dort gegründet, wo englische Geschäftsleute und Studenten ansässig waren. Besonders viele waren es in der größten Stadt Deutschlands, in Berlin. Es war daher kein Zufall, dass der Fußballsport gerade dort sehr viele Anhänger fand. Zuerst führten die Engländer ihren Gastgebern das neue Spiel vor, dann forderten sie ihre deutschen Bekannten zu einem Wettkampf auf. Da war es nur eine Frage der Zeit, bis auch die ersten deutschen Vereine entstanden. Der älteste heute noch bestehende Klub ist der Berliner FC Germania von 1888.

Daneben sorgten auch einige fußballbegeisterte Deutsche für die Verbreitung des Spiels. Zu ihnen gehörte zum Beispiel der Braunschweiger Lehrer Konrad Koch, der, angeregt durch eine Englandreise, bereits 1874 in seinem Gymnasium den Rugby-Fußball als Schulspiel einführte. Einer der einflussreichsten Fußballpioniere war Walter Bensemann, der fließend Englisch sprach und schon während seiner Studentenzeit im süddeutschen Raum internationale Fußballturniere veranstaltete. Bensemann, der 1889 den späteren Meisterklub Karlsruher FV gründete, blieb auch nach seiner aktiven Zeit dem Sport verbunden:

1920 rief er die Fachzeitschrift „Kicker" ins Leben.

Wettbewerbe zwischen den einzelnen Vereinen gab es zunächst fast nur auf Stadtebene. In Berlin oder Hamburg zum Beispiel wurde jeweils ein „Stadtmeister" ermittelt. Später schlossen sich die Vereine zu größeren Verbänden zusammen, wie etwa dem Süddeutschen Fußballverband. Schließlich wurde am 28. Januar 1900 in Leipzig der Deutsche Fußballbund (DFB) gegründet, dem zunächst 86 Vereine angehörten. Nun hatte man auch in Deutschland endlich einen nationalen Fußballverband, der in der Lage war, eine Deutsche Meisterschaft zu organisieren.

So sah das alte Emblem des am 28. Januar 1900 gegründeten DFB aus.

Die Mannschaft des Berliner Fußballklubs Germania im Jahr 1888. Der Verein besteht heute noch.

GRASSHOPPERS ZÜRICH

Der bekannte Schweizer Klub wurde 1886 in Zürich gegründet und war 1898 der erste offizielle Landesmeister der Schweiz. Seinen Namen erhielt er von dem englischen Biologiestudenten Tom Griffith. Griffith hatte im Zürcher Café „Stäubli" kurz vor der Gründungsversammlung eine Heuschrecke, auf Englisch „grasshopper", entdeckt. So wurde aus dem ersten Schweizer Verein der „Grashüpfer-Verein".

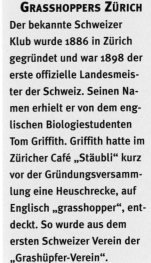

TURNER GEGEN FUSSBALL

Obwohl der Fußball bei vielen Jugendlichen in Deutschland großen Anklang fand, gab es in der Zeit vor dem Ersten Weltkrieg eine breite Front des Widerstands.
Besonders die Turnlehrer wetterten gegen den „rauen und hässlichen" Fußball. Sie waren der Ansicht, dass man nur durch das Turnen einen gut trainierten, wohlgeformten Körper bekommen könne. Fußball hingegen sei ungesund. Auch der Wettkampfgedanke des englischen Sports war den Vertretern der deutschen Turnerschaft fremd. Denn bei dem bis dahin üblichen Turnen sollte nicht das Siegen im Vordergrund stehen, sondern die disziplinierte und korrekte Ausführung von Übungen.

Berliner Schüler beim Fußballspielen im Jahr 1913

MITGLIEDERSTATISTIK

In welchem Tempo sich die Fußballbegeisterung ausbreitete, zeigt die Mitgliederstatistik des DFB:
1904 – 10 000 Mitglieder
1913 – 160 000 Mitglieder
1920 – 750 000 Mitglieder

Warum war Fußball an den Schulen verboten?

Ähnlich wie in England war der Fußball auch in Deutschland vor allem bei Schülern beliebt. Am Wochenende zogen sie los, um auf irgendeiner holprigen Wiese den neuen Sport auszuprobieren. Richtige Fußballplätze gab es damals noch kaum, geschweige denn Tore mit Netzen. Wäschestangen wurden zu Torpfosten umfunktioniert, dazwischen spannte man Stricke, die als Querlatten dienten. Und auch das Spiel selbst hatte mit modernem Fußball noch nicht viel zu tun. So gab es zum Beispiel noch keinerlei Aufgabenverteilung unter den Spielern. Ein Zeitzeuge um 1900 berichtet: „Wenn auch bereits nach festen Regeln gespielt wurde, der Ball zog, wohin auch immer er im Spielfeld geriet, den größten Teil der Spieler auf sich, um von diesen gleich einer Meute losgelassener Hunde aufs Hitzigste umkämpft zu werden."

Die meisten Erwachsenen standen dem englischen Sport damals noch sehr ablehnend gegenüber. Besonders die Turnlehrer hielten nichts von der wilden „Fußlümmelei". Jahrelang war der neue Sport im Turnunterricht verboten. In Bayern war den Gymnasiasten das Fußballspielen sogar außerhalb der Schule untersagt. Wurden die Schüler dabei erwischt, konnte dies den Verweis von der Schule nach sich ziehen. So blieb ihnen nichts anderes übrig, als heimlich in ihrer Freizeit dem Ball hinterherzujagen. Trotzdem wagten es manche, sich einem der Vereine anzuschließen, die – zum Beispiel in Nürnberg oder Leipzig – von ehemaligen Gymnasiasten gegründet worden waren.

Titelblatt des Fußballjahrbuches des DFB von 1913

Viele Turnlehrer waren gegen die Einführung des Fußballs in Deutschland. 1898 verfasste der Lehrer Karl Planck eine Streitschrift mit dem Titel „Fußlümmelei", in der das Fußballspiel als lächerlich und widernatürlich gebrandmarkt wurde.

Die Fußballmannschaft eines Infanterie-Regimentes (1909)

Im Gegensatz zu vielen Lehrern standen einige hochgestellte Persönlichkeiten dem Fußball sehr positiv gegenüber. Der deutsche Kronprinz Wilhelm stiftete 1907 einen Pokalwettbewerb, Prinz Friedrich Karl von Preußen war selbst aktiver Fußballer beim SC Charlottenburg Berlin. Auch die Militärbehörden förderten den Fußball. Seit 1910 war Fußball Teil der militärischen Grundausbildung, in Heer und Marine wurden eigene Wettbewerbe veranstaltet. Da war es nur selbstverständlich, dass die Exerzierplätze für das Fußballspiel zur Verfügung gestellt wurden. Auch deshalb entwickelte sich Berlin, wo es

> **Wann wurde Fußball in Deutschland so richtig beliebt?**

viele Kasernen gab, zur ersten Hochburg des Fußballs in Deutschland.

In den Jahren des Ersten Weltkriegs (1914-1918), als alle jungen Männer zum Militär einberufen wurden, lernten auch diejenigen den Fußball kennen, die von diesem Sport bis dahin noch nichts gehört hatten. Tausende von Soldaten fanden im Fußball eine Ablenkung von den Gräueln des Krieges. So wurde die Zahl der Fußballanhänger immer größer. Und als der Krieg vorbei war, wurde das Fußballspiel, von dem selbst die Turnlehrer inzwischen eine bessere Meinung hatten, nun selbst an den Schulen geduldet.

Zuschauermassen in Berlin, 1919

DAS ERSTE ENDSPIEL um die Deutsche Meisterschaft im Jahr 1903 sahen ganze 2 000 Zuschauer. Es fand auf einem Exerzierplatz in Hamburg-Altona statt. Wenig später genügten einfache Fußballplätze schon nicht mehr, um der wachsenden Zahl von Fans Platz zu bieten. Nun wurden für die Zuschauer Holztribünen gebaut und Erdwälle aufgeschüttet. Im Jahr 1911 drängelten sich 12 000 Zuschauer in solch einem einfachen Stadion in Dresden. Das „Stadion an den Sandhöfer Wiesen" in Frankfurt bot 1920 bereits 35 000 Zuschauern Platz. Drei Jahre später war das neu erbaute Grunewaldstadion in Berlin Schauplatz des Endspiels. 64 000 Fußballfans wurden Zeuge, wie der Hamburger SV gegen Union Oberschöneweide mit 3:0 gewann.

Frauenfußball

Nettie Honeyball gründete die erste englische Frauen-Fußballmannschaft.

ERSTE KICKERINNEN

Die ersten Fußballspielerinnen gab es im alten China. Dort spielten die Frauen schon vor über tausend Jahren ebenso Ball wie die Männer. Bestimmte Spiele, bei denen man einen Ball möglichst lange mit dem Fuß in der Luft halten musste, betrieben beide Geschlechter sogar gemeinsam. Im 17. Jahrhundert besang der Dichter Li Yu die „grazilen Kicks" der Fußballspielerinnen in der alten Hauptstadt Chang'an (heute Xian in der Provinz Shanghai).

Wo gab es die ersten Frauenteams?

Schon aus der Anfangszeit des Profifußballs in England wird berichtet, dass gut gekleidete Damen sehr häufig die Spiele in den Stadien besuchten. Und bald traten die Frauen auch selbst gegen den Ball. 1894 gründete Nettie Honeyball in London die erste englische Frauen-Fußballmannschaft mit dem Namen „British Ladies". Ein Jahr später fand das erste „Ladies Football Match" vor 10 000 Zuschauern statt. Frauen, die öffentlich in kurzen Hosen herumliefen, waren jedoch für viele ein Ärgernis. Frauen sollten Röcke tragen und Tennis spielen, meinten die meisten Männer, und so wurden die Frauenfußballspiele im Jahr 1902 verboten.

Als im Laufe des Ersten Weltkriegs der Betrieb der englischen Profiliga eingestellt worden war, wurde der Frauenfußball plötzlich wieder beliebt. Der Zweck der vor Zuschauern veranstalteten Frauenwettkämpfe bestand vor allem darin, Geld für wohltätige Zwecke zu sammeln. Unter den etwa 150 Frauenteams waren die „Dick Kerr's Ladies" am berühmtesten. 1920 lockten sie 53 000 Zuschauer in das Liverpooler Stadion. Dieser Erfolg war den Männern wohl zu viel. Nur ein Jahr später wurde den Frauen verboten, in Stadien aufzutreten. Der englische Verband erklärte, dass das Fußballspiel für Frauen ungeeignet sei. Nur noch wenige Frauen spielten weiter Fußball, und kaum jemand schaute zu.

Fußballspielerin auf einer englischen Postkarte von 1906

Seit wann spielen in Deutschland Frauen Fußball?

In Deutschland wurde 1930 in Frankfurt die erste „Damen-Fußballmannschaft", wie es damals hieß, gegründet. Aber auch in Deutschland gab es große Widerstände gegen Fußball spielende Frauen. Bereits nach einem Jahr gaben die Fußballerinnen wieder auf. Erst 1954, nachdem die deutsche Nationalmannschaft der Männer die Weltmeisterschaft gewonnen hatte, durften auch die Frauen wieder auf den Fußballplatz. Doch zum

Die „Dick Kerr's Ladies", das berühmteste englische Frauenteam in den 1920er-Jahren

Französisches Showgirl mit Fußball, 1920er-Jahre

offiziellen Spielbetrieb waren sie nicht zugelassen. Wegen seiner „unweiblichen Rohheit", so befand man beim DFB, sei das Fußballspielen für Frauen ungeeignet. Und so verbot der DFB seinen Vereinen, Frauenabteilungen zu gründen und Plätze für Frauenteams zur Verfügung zu stellen.

Die Frauen ließen sich jedoch nicht abhalten. 1957 und 1958 wurden sogar mehrere Länderspiele in großen Stadien veranstaltet. So trat etwa eine Elf des „Westdeutschen Damen-Fußball-Verbandes" (WDFV) im Juli 1957 im Stuttgarter Neckarstadion gegen eine englische Auswahl an. 1970 fand dann in Italien eine inoffizielle Weltmeisterschaft statt, an der auch ein Team aus Bad Neuenahr als Vertreter Deutschlands teilnahm. Zum Finale in Turin kamen 40 000 Zuschauer; sie sahen einen 2:0-Sieg Dänemarks gegen Italien. Nun hatten auch die Herren beim DFB endlich ein Einsehen: Noch im selben Jahr erlaubten sie den Frauen offiziell das Fußballspielen.

Nach der Anerkennung durch den DFB ging es mit dem Frauenfußball stetig bergauf. Seit 1974 wird in Deutschland um die Meisterschaft gekämpft, seit 1981 gibt es den Pokalwettbewerb. 1990 wurde die Frauen-Bundesliga ins Leben gerufen, in der heute zwölf Vereine spielen. Am erfolgreichsten war bislang der 1. FFC Frankfurt, der bis 2013 siebenmal Meister wurde und achtmal den Pokalsieg errang.

Welche Wettbewerbe werden ausgetragen?

1930 wurde in Frankfurt/Main die erste deutsche Frauen-Fußballmannschaft gegründet.

Jubelnde Wolfsburgerinnen am 23. Mai 2013. Soeben haben sie in London das Finale in der Women's Champions League mit 1:0 gegen Olympique Lyon gewonnen.

Seit 2001 gibt es auch einen internationalen Wettbewerb, die Women's Champions League (bis 2009 Women's Cup). Die deutschen Frauenvereine erwiesen sich bisher als am stärksten. Dreimal war der 1. FFC Frankfurt erfolgreich (2002, 2006, 2008), zweimal Turbine Potsdam (2005, 2010) sowie je einmal der FCR Duisburg (2009) und der VfL Wolfsburg (2013). Die Wolfsburgerinnen vollbrachten 2012/13 sogar das Kunststück, neben dem europäischen auch die beiden deutschen Titel (Meisterschaft und Pokal) zu erringen. Sie machten damit, wie der FC Bayern gleichzeitig im Männerfußball, den Dreifach-Triumph – das so genannte „Triple" – perfekt.

Der erste Deutsche Damen-Fußball-Klub

Jugend

Die Jugendmannschaften der Mädchen sind wie die der Jungen in Altersklassen unterteilt (siehe S. 76), doch es wird nur eine B-Jugend-Meisterschaft ausgespielt (seit 2000). Die 17-Jährigen spielen schon bei den Erwachsenen. Erfolgreichster Verein war Turbine Potsdam (neun Titel bis 2011). International sind die Jugend-Nationalteams der Mädchen sehr erfolgreich. Sie errangen in den verschiedenen Altersklassen bis 2014 bereits zehn EM- und zwei WM-Titel.

Welt- und Europa-Meisterschaften

Weltmeisterschafts-Endspiele:

1991
USA – Norwegen 2:1

1995
Norwegen – BRD 2:0

1999
USA – China 0:0 (n.V.), 5:4 nach Elfmeterschießen

2003
BRD – Schweden 2:1 (n.V.)

2007
BRD – Brasilien 2:0

2011
Japan – USA 2:2 (n.V.), 3:1 nach Elfmeterschießen

Europameisterschaften:

1984 Schweden
1987 Norwegen
1989 BRD
1991 BRD
1993 Norwegen
1995 BRD
1997 BRD
2001 BRD
2005 BRD
2009 BRD
2013 BRD

Torfrau Nadine Angerer klärt gegen Marta aus dem Team Brasiliens. 2010 wurde Marta zum fünften Mal in Folge zur Weltfußballerin des Jahres gewählt.

Anfang der 1980er-Jahre fand die erste Frauen-Europameister-schaft statt. Das Turnier wurde über einen Zeitraum von zwei Jahren ausgetragen. Den Titel holten 1984 die Schwedinnen mit einem 4:3-Sieg im Endspiel gegen England.

> **Welches Land ist im Frauenfußball am erfolgreichsten?**

Die erste Weltmeisterschaft der Frauen fand 1991 in China statt. Als beste Nation erwiesen sich zunächst die USA. Sie gewannen 1991 den Titel, holten 1996 und 2004 bei den Olympischen Spielen Gold und wurden 1999 im eigenen Land erneut Weltmeister. In den USA, wo sich die Männer eher für einen anderen Sport, den American Football, interessieren, ist Frauenfußball beliebter als bei uns. Der erste Versuch, eine Profiliga einzurichten, scheiterte. Auch ein zweiter Versuch mit der „Women's Professional Soccer" (2009-2011) musste nach finanziellen Problemen aufgegeben werden.

Auch in Deutschland haben es die Fußballerinnen nicht leicht, mit ihrem Sport Geld zu verdienen. In der Frauen-Bundesliga liegen die

Fatmire Bajramaj, als Vierjährige aus dem Kosovo geflohen, ist heute Weltmeisterin.

Zuschauerzahlen nur selten im Tausender-Bereich. Auch die besten Spielerinnen bekommen als Amateure von den Vereinen nur wenig Geld und sind auf Werbeeinnahmen und Sponsorengelder angewiesen.

Dennoch hat die deutsche Frauen-Nationalmannschaft, die 1982 ihr erstes Länderspiel bestritt, international eine Spitzenstellung erreicht. Bereits siebenmal gewann sie die Europameisterschaft, den Weltmeistertitel errang sie, nach einem zweiten Platz 1995, erstmals 2003 beim Turnier in Nordamerika. Als erstes Frauenteam konnte sie dann sogar im Jahr 2007 bei der WM in China ihren Titel verteidigen. 31 000 Zuschauer sahen in Shanghai die Tore von Birgit Prinz und Simone Laudehr zum 2:0-Sieg im Finale gegen Brasilien. Mehr als neun Millionen Zuschauer verfolgten das Spiel in Deutschland vor dem Fernseher. Für den Erfolg erhielt jede Spielerin eine Prämie von 50 000 Euro.

EUROPAMEISTERINNEN 2013!

Sieggewohnt: Die deutschen Frauen bejubeln ihren achten EM-Titel. Im Finale bei der EM 2013 in Schweden schlugen sie Norwegen mit 1:0.

2011 wurde die WM der Frauen zum ersten Mal in Deutschland ausgetragen. Die von Silvia Neid trainierten deutschen Fußballerinnen zählten zu den Top-Favoritinnen. Die Stimmung in den Stadien war toll, aber sportlich kam es anders als gedacht. Das deutsche Team gewann zwar seine drei Vorrundenspiele, schied aber dann im Viertelfinale gegen die spielstarken Japanerinnen mit 0:1 aus. Das als Außen-

Wie stehen die Chancen für die WM 2015?

seiter gehandelte Team aus Fernost gelangte bis ins Finale gegen die USA. In dem spannenden Spiel stand es nach Verlängerung 2:2, schließlich gewann Japan das Elfmeterschießen mit 3:1. Beste Torschützin (fünf Treffer) und beste Spielerin des Turniers war die Kapitänin der Japanerinnen: Homare Sawa.

Die deutschen Fußballerinnen waren über ihr Ausscheiden sehr enttäuscht. Aber sie konnten sich bereits 2013 mit dem Gewinn des EM-Titels trösten. Und das Team um die Stars Celia Sasic und Dzsenifer Maroszan hat alle Chancen, 2015 in Kanada auch den WM-Titel zu holen. In die Qualifikation startete es mit fünf Siegen und sagenhaften 40:0 Toren!

Die deutsche Rekordnationalspielerin Birgit Prinz, Weltfußballerin der Jahre 2003 bis 2005, beendete 2011 ihre Karriere mit 214 Spielen und 128 Toren.

Homare Sawa am Ball: Ihr Treffer zum 2:2 im Finale gegen die USA ebnete Japan den Weg zum Gewinn des WM-Titels.

DAS SPIELFELD

Alle Punkte, Linien und Felder auf einem Fußballfeld haben eine besondere Bedeutung und sind in ihren Maßen festgelegt. Nur die Größe eines Spielfeldes kann unterschiedlich sein. Es darf eine Länge von 90 bis 120 Metern und eine Breite von 45 bis 90 Metern haben. Die Normalgröße beträgt 105 Meter in der Länge und 68 bis 70 Meter in der Breite.

TORAUSLINIE

Wird der Ball von der verteidigenden Mannschaft neben oder über das eigene Tor ins Aus gespielt, so gibt es Eckball für die gegnerische Mannschaft. Schießt ein Spieler der angreifenden Mannschaft den Ball ins Aus, so wird der Ball durch Abstoß wieder ins Spiel gebracht.

ABSTOSS

Der Abstoß wird von einem Spieler der verteidigenden Mannschaft von irgendeinem Punkt innerhalb des Torraumes ausgeführt. Der Ball muss mindestens über die Strafraumgrenze hinausgeschossen werden. Alle gegnerischen Spieler müssen sich dabei außerhalb des Strafraums aufhalten.

ECKSTOSS

Der Eckstoß erfolgt von dem Eckraum aus, der der Stelle am nächsten liegt, an der der Ball ins Aus gegangen ist. Der Ball wird in den Viertelkreis der Ecke gelegt und ins Feld geschossen. Die Spieler der verteidigenden Mannschaft müssen beim Eckstoß einen Abstand von mindestens 9,15 Metern zum Ball einhalten.

IN DER COACHING-ZONE

(oder „technischen Zone") rund um die Ersatzbank halten sich Trainer, Betreuer und Auswechselspieler während eines Spiels auf. Der sogenannte vierte Offizielle, eine Art Zusatzschiedsrichter, wacht darüber, dass sich die Personen in der technischen Zone nicht ungebührlich benehmen. Wenn zum Beispiel ein Trainer die Zone verlässt oder zu heftig protestiert, kann er einen Platzverweis erhalten.

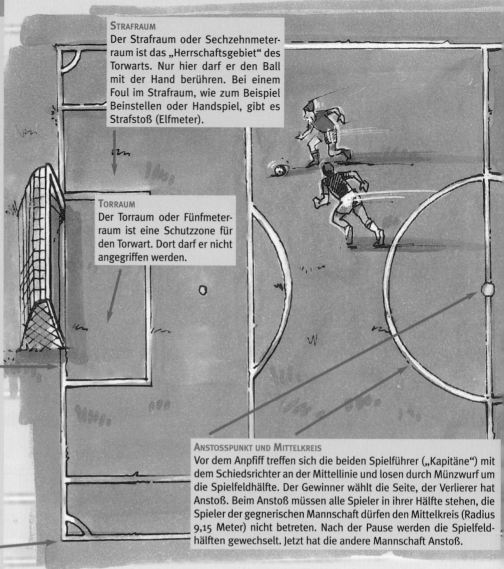

STRAFRAUM
Der Strafraum oder Sechzehnmeterraum ist das „Herrschaftsgebiet" des Torwarts. Nur hier darf er den Ball mit der Hand berühren. Bei einem Foul im Strafraum, wie zum Beispiel Beinstellen oder Handspiel, gibt es Strafstoß (Elfmeter).

TORRAUM
Der Torraum oder Fünfmeterraum ist eine Schutzzone für den Torwart. Dort darf er nicht angegriffen werden.

ANSTOSSPUNKT UND MITTELKREIS
Vor dem Anpfiff treffen sich die beiden Spielführer („Kapitäne") mit dem Schiedsrichter an der Mittellinie und losen durch Münzwurf um die Spielfeldhälfte. Der Gewinner wählt die Seite, der Verlierer hat Anstoß. Beim Anstoß müssen alle Spieler in ihrer Hälfte stehen, die Spieler der gegnerischen Mannschaft dürfen den Mittelkreis (Radius 9,15 Meter) nicht betreten. Nach der Pause werden die Spielfeldhälften gewechselt. Jetzt hat die andere Mannschaft Anstoß.

Die Regeln

Ohne Regeln gäbe es kein Fußballspiel. Erst durch die Regeln, die der englische Fußballverband im Jahr 1863 erstmals festlegte, wurde eine Abgrenzung zu anderen Spielformen, wie zum Beispiel dem Rugby, möglich. Darüber hinaus stellen sie sicher, dass das Fußballspiel überall auf der Welt in gleicher Weise durchgeführt wird. In den Vereinen Deutschlands wird nach denselben 17 Regeln gespielt wie in allen anderen Ländern, die sich dem Weltfußballverband (FIFA) angeschlossen haben.

Jeder Spieler muss die Regeln kennen und ist dazu angehalten, sie zu beachten. Wenn man einmal mit einer Entscheidung des Schiedsrichters unzufrieden ist, sollte man nie vergessen, dass ein Fußballspiel ohne einen „Wächter" über die Regeln gar nicht möglich wäre. Die Spieler würden sich ständig darüber streiten, was erlaubt ist und was nicht – und kämen dabei gar nicht mehr zum Fußballspielen.

> **Was regeln die Regeln?**

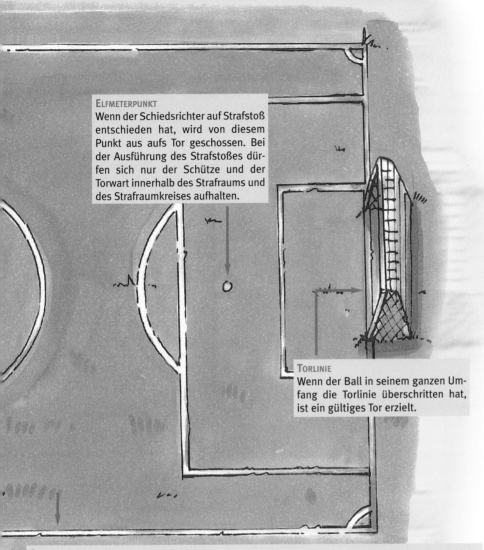

ELFMETERPUNKT
Wenn der Schiedsrichter auf Strafstoß entschieden hat, wird von diesem Punkt aus aufs Tor geschossen. Bei der Ausführung des Strafstoßes dürfen sich nur der Schütze und der Torwart innerhalb des Strafraums und des Strafraumkreises aufhalten.

TORLINIE
Wenn der Ball in seinem ganzen Umfang die Torlinie überschritten hat, ist ein gültiges Tor erzielt.

SEITENLINIE
Wenn der Ball in vollem Umfang die Seitenlinie überschritten hat, gibt es Einwurf. Der Einwurf wird von derjenigen Mannschaft ausgeführt, die den Ball vorher nicht berührt hat. Beim Einwurf muss der Ball mit beiden Händen von hinten über den Kopf ins Spielfeld geworfen werden. Beide Füße des Spielers müssen dabei auf oder hinter der Seitenlinie stehen bleiben. Wird der Einwurf nicht korrekt durchgeführt („falscher Einwurf"), erhält die gegnerische Mannschaft das Recht, einzuwerfen.

IN DEN REGELN sind nicht nur die Größe und die Markierungen des Spielfeldes festgelegt (Regel 1), sondern auch Ausmaß und Gewicht des Balles (Regel 2), die Zahl und die Ausrüstung der Spieler (Regel 3 und 4), die Aufgaben des Schiedsrichters (Regel 5 und 6), der Beginn und die Dauer des Spiels (Regel 7 und 8), wann der Ball aus dem Spiel und wann ein Tor erzielt ist (Regel 9 und 10), das Foulspiel, das mit Frei- und Strafstößen geahndet wird (Regel 12 bis 14), die Ausführung von Abstoß, Eckstoß und Einwurf (Regel 15 bis 17) sowie, als einzige wirklich komplizierte Vorschrift, das Abseits (Regel 11).

WICHTIGE REGELÄNDERUNGEN (SEIT 1863)

1864 – Hosen müssen über die Knie reichen

1870 – Begrenzung der Spielerzahl auf elf

1871 – Handspiel nur noch für Torwart erlaubt

1875 – Tore müssen eine Querlatte haben

1891 – Einführung von Tornetzen und Elfmeter

1902 – Einführung von Strafraum und Torraum

1968 – Einwechslung von zwei Ersatzspielern

1970 – Einführung des Systems der Gelben und Roten Karten

1992 – Rückpass zum Torwart wird verboten

1994 – Einführung der „technischen Zone"

1995 – Einwechslung von drei Ersatzspielern

1998 – Grätsche von hinten führt zu „Rot"

2013 – Zulassung von Torlinientechnologie

Die Regeln, die heute gelten, sind nicht mehr genau dieselben, die 1863 niedergeschrieben wurden. Immer wieder hat man sich Verbesserungen ausgedacht. Seit 1886 ist der International Football Association Board (IFAB), die internationale Regelbehörde, für alle Änderungen der Spielregeln zuständig. Sie tritt einmal im Jahr in London zusammen. Die Beschlüsse, die sie über das Regelwerk trifft, benötigen die Zustimmung von 75 Prozent der Stimmberechtigten.

Dem IFAB gehörten zunächst nur die vier britischen Landesverbände an (England, Schottland, Wales und Irland). Später durften vier weitere Mitgliedsländer der FIFA in den IFAB. Bis heute hat sich an dieser Zusammensetzung nichts geändert. Darin zeigt sich, dass die historische Rolle Großbritanniens bei der Entstehung des Spiels bis heute Berücksichtigung findet. Die Erfinder des Fußballs wachen noch immer über die Regeln des Spiels.

> **Wie ändern sich die Regeln?**

Bei der WM 1966 gewann England im Endspiel gegen Deutschland mit 4:2. Bis heute umstritten ist das entscheidende dritte Tor der Engländer im Londoner Wembley-Stadion. Der Ball sprang nach Geoffrey Hursts Schuss von der Latte nach unten. Aber war er im Tor? Computergestützte Analysen von Fotos und Filmen legen nahe, dass der Ball nicht in vollem Umfang die Linie überschritten hatte. Auch der Torschütze Hurst gab 2001 in seiner Biografie zu, dass der Ball drin war.

TORLINIEN-TECHNOLOGIE

Da es so oft Streit gibt, ob der Ball wirklich drin war, werden bei internationalen Spielen seit 2009 auch so genannte „Torrichter" eingesetzt. Fehler gibt es aber immer noch. So beschloss die FIFA schließlich, bei der WM 2014 in Brasilien erstmals technische Hilfsmittel einzusetzen. Das System „Goal-Control" einer Firma aus Deutschland überwacht dabei die Tore durch Kameras. Die Position des Balles lässt sich bis auf 5 Millimeter genau bestimmen. Der Schiedsrichter wird über ein Signal auf einer Armbanduhr informiert, wenn sich der Ball hinter der Torlinie befindet.

Wie muss ein Fußball beschaffen sein?

Der Gegenstand, um den sich alles dreht, ist der Ball. Er muss kugelförmig sein, einen Umfang von 68 bis 70 Zentimetern haben und 410 bis 450 Gramm schwer sein. Der Jugendball (Ballgröße 4) ist etwas kleiner und leichter (63,5 bis 66 Zentimeter groß und 350 bis 390 Gramm schwer). Für von der FIFA durchgeführte Wettbewerbe dürfen nur Bälle verwendet werden, die offiziell getestet wurden. So soll sichergestellt werden, dass alle Spiele unter gleichen (Ball-)Bedingungen stattfinden.

Heutige Bälle sind in der Regel ganz aus Kunststoff und daher entsprechend standardisiert. In früheren Zeiten konnten die Bälle, die in Handarbeit aus Leder gefertigt wurden, sehr unterschiedlich sein. Oft gab es vor den Spielen Streit darüber, mit welchem Ball gespielt werden sollte. Jede Mannschaft hatte einen bestimmten Ball, an den sie gewöhnt war. So war oftmals bereits der Beschluss, welchen Ball man benutzte, nicht unwesentlich für den Ausgang des Spiels. Denn die Mannschaft, die mit einem für sie ungewohnten Ball spielen musste, hatte einen deutlichen Nachteil.

Wie groß muss ein Tor sein?

Nur bis zur E-Jugend wird auf kleinere Tore gespielt (2 Meter hoch, 5 Meter breit), ab der D-Jugend (10 Jahre) betragen die Tormaße einheitlich 7,32 Meter in der Breite und 2,44 Meter in der Höhe. Diese etwas seltsam anmutenden Maße haben ihren

Die Revanche für Wembley: Eindeutig drin war der Schuss Frank Lampards beim Spiel der Engländer gegen Deutschland bei der WM 2010 in Südafrika. Der Schuss schlug von der Lattenunterkante klar hinter der Torlinie auf. Der Schiedsrichter ließ jedoch weiterspielen. Es wäre das 2:2 gewesen. Deutschland siegte am Ende 4:1.

Ursprung in den englischen Maßeinheiten Foot (30,48 Zentimeter) und Yard (0,9144 Meter). Die englischen Regeln legten die Torgröße auf 8 Feet Höhe (243,84 Zentimeter) und 8 Yards Breite (7,3152 Meter) fest. In offiziellen Spielen müssen die Maße auf den Zentimeter genau stimmen. 1997 war der FC Sion (Schweiz) gegen Spartak Moskau im UEFA-Cup ausgeschieden (0:1 zu Hause und 2:2 in Moskau) und legte Protest gegen die „zu kleinen russischen Tore" ein. Tatsächlich ergab sich, dass die Moskauer Tore nur 2,36 bzw. 2,32 Meter hoch waren. Es kam zum Wiederholungsspiel. Aber die größeren Tore nutzten nur Moskau. Es gewann mit 5:1.

ein sogenanntes Eigentor verschuldet. Nach einem Torerfolg hat die Mannschaft, die den Treffer nicht erzielt hat, Anstoß. Die Mannschaft, die am Ende des Spiels mehr Tore geschossen hat, hat gewonnen. Wenn kein Tor erzielt wurde oder beiden Teams gleich viele Tore gelungen sind, gilt das Spiel als unentschieden. Im Ligafußball erhält die siegreiche Mannschaft drei Punkte zugeschrieben, bei einem Unentschieden bekommt jede Mannschaft einen Punkt.

Weil es so schwer ist, den Ball mit Fuß oder Kopf am Torwart vorbeizubringen, fallen beim Fußball im Vergleich zu anderen Sportarten sehr wenig Tore. In der Bundesliga sind es im Schnitt etwa drei pro Spiel. Diesem Durchschnitt entspricht das 2:1 als häufigstes Spielergebnis. Das heißt: Die Mannschaft, die in einem Spiel zwei Treffer erzielt, hat eine sehr hohe Chance auf den Sieg.

Der Torbruch von Gladbach: Früher, als die Tore noch aus Holz und nicht aus Metall waren, konnte Überraschendes passieren. Berühmt wurde ein Vorfall am 3. April 1971 beim Spiel Borussia Mönchengladbach gegen Werder Bremen. Bei dem Versuch, einen Freistoß von Günter Netzer zu erreichen, fiel Gladbachs Stürmer Herbert Laumen ins Bremer Tor und verheddderte sich im Netz. Als er sich befreite, brach der linke Torpfosten und das Tor zusammen. Das Tor ließ sich nicht mehr aufstellen, der Schiedsrichter pfiff das Spiel in der 88. Minute beim Spielstand von 1:1 ab. Es wurde schließlich mit 2:0 für Bremen gewertet.

Der Ball für die WM 2014. In speziellen Test-Centern werden Bälle wie dieser stundenlang gerubbelt, in Wasser getaucht, zusammengestaucht, von Robotern getreten und an die Wand geschleudert. Wenn sie all das überstanden und dabei die Form nicht verloren haben, dürfen sie mit dem FIFA-Stempel auf den Platz.

Solange der Ball die Linie nicht mit vollem Umfang überquert hat, ist kein Tor erzielt!

Ein Tor gilt dann als erzielt, wenn

Wann zählt ein Tor?

der Ball die Torlinie zwischen den Pfosten und unter der Querlatte mit vollem Umfang überquert hat. Dabei spielt es keine Rolle, von welcher Partei das Tor geschossen wurde.

Hat ein Verteidiger den Ball ins eigene Tor befördert, dann hat er

Die berühmte Elf, die 1954 den ersten WM-Titel für Deutschland gewann (v.l.n.r.): Fritz Walter (1. FC Kaiserslautern), Toni Turek (Fortuna Düsseldorf), Horst Eckel (Kaiserslautern), Helmut Rahn (Rot-Weiß Essen), Ottmar Walter, Werner Liebrich (beide Kaiserslautern), Karl Mai (SpVgg Fürth), Hans Schäfer (1. FC Köln), Werner Kohlmeyer (Kaiserslautern), Josef Posipal (Hamburger SV), Max Morlock (1. FC Nürnberg)

Bis zur E-Jugend besteht eine Fußballelf aus sieben Spielern.

Was ist eine Fußballelf?

Eine Fußballmannschaft besteht in der Regel aus zehn Feldspielern und einem Torwart. In jedem offiziellen Wettbewerb dürfen bis zu drei Spieler ausgewechselt werden. Die Auswechslung wird beim Schiedsrichter angemeldet und erfolgt immer auf der Höhe der Mittellinie. Darüber hinaus kann ein Spieler den Torwart ersetzen, wenn der Schiedsrichter dazu seine Erlaubnis gibt. Ein Spiel darf nicht angepfiffen oder fortgesetzt werden, wenn eine Mannschaft aus weniger als sieben Spielern besteht.

Wie die Idee entstanden ist, dass eine Fußballmannschaft gerade elf Spieler haben soll, weiß man nicht genau. Klar ist aber, dass jeder Spieler in einer Elf eine bestimmte Aufgabe hat, je nachdem, auf welcher Spielposition er eingesetzt wird. Der Torwart ist der letzte Mann und der Einzige im Team, der den Ball mit der Hand berühren darf. Vor ihm sind die Abwehrspieler postiert. Sie haben die Aufgabe, Tore des Gegners zu verhindern. Vorne sind die Stürmer aufgestellt, die Tore erzielen sollen. Und dazwischen, als Verbindung von Abwehr und Sturm, stehen die Mittelfeldspieler, die sowohl im Angriff als auch in der Verteidigung Aufgaben übernehmen.

Selbst ein Star wie Luis Figo, der berühmteste Nationalspieler Portugals, wurde schon häufig ausgewechselt. Hier muss Figo während der EM 2004 im Spiel gegen Russland dem jungen Cristiano Ronaldo Platz machen.

Neben einem lang- oder kurzärmeligen Trikot tragen Fußballspieler eine kurze Sporthose und Stutzen.

┌─ ─ ─ ─ ─ ─ ─ ┐
  **Welche
  Ausrüstung
  benötigen Fuß-
  ballspieler?**
└ ─ ─ ─ ─ ─ ─ ─ ┘

Im Spiel müssen die Mannschaften verschiedene Farben tragen. Dabei unterscheiden sich die Trikots der Torhüter farblich von denen aller anderen Spieler und dem des Schiedsrichters. Im Wettkampf muss jeder Spieler, auch der Torwart, unter den Stutzen Schienbeinschoner tragen, um Verletzungen vorzubeugen. Denn im Kampfgetümmel kann es sehr schnell passieren, dass man einmal nicht den Ball, sondern das Schienbein des Gegners trifft.

Das Wichtigste aber sind die Fußballschuhe. Unter der Sohle sind sie mit Stollen, Nocken oder Noppen ausgestattet, die auf unterschiedlichen Böden festen Halt geben sollen. Sie unterscheiden sich nicht nur im Material (Leder, Gummi, Keramik, Aluminium oder Kunststoff), sondern auch hinsichtlich Größe, Länge, Anzahl und Anordnung. Auswechselbare Schraubstollen schafften bei der WM 1954 in der Schweiz während des Endspiels den Durchbruch. Der damalige Zeugwart der deutschen Fußball-Nationalmannschaft, Adolf Dassler („Adidas"), schraubte in der Halbzeitpause die für den im Dauerregen immer tiefer werdenden Boden passenden langen Nylonstollen ein. Das verschaffte den Männern um Fritz Walter einen großen Vorteil gegenüber den Ungarn, die mit genagelten, kurzen und weichen Korknoppen spielen mussten. Deutschland gewann mit 3:2.

*Moderne
Fußballschuhe
mit Nocken*

Die Spieldauer beim Fußball ist je nach Alter verschieden.

┌─ ─ ─ ─ ─ ─ ─ ┐
  **Wie lange
  dauert ein
  Fußballspiel?**
└ ─ ─ ─ ─ ─ ─ ─ ┘

Die F-Jugend (bis 8 Jahre) spielt 2 x 20 Minuten. Von Altersklasse zu Altersklasse steigert sich die Spieldauer um je 2 x 5 Minuten, bis in der A-Jugend die normale Spielzeit erreicht ist. Bei der A-Jugend und den Erwachsenen (Senioren) beträgt sie 2 x 45 Minuten.

Es wird in zwei Abschnitten (Halbzeiten) gespielt; dazwischen gibt es eine kurze Erholungspause. Wird das Spiel durch Verletzungen oder andere Unterbrechungen verzögert, kann der Schiedsrichter die verlorene Zeit nachholen lassen („Nachspielzeit"). Bei Profi-Wettbewerben wird die Nachspielzeit von Assistenten auf speziellen Tafeln angezeigt.

VERLÄNGERUNG

Entscheidungs- oder Pokalspiele, die nach der normalen Spielzeit unentschieden stehen, werden um 2 x 15 Minuten verlängert. Fällt auch in der Verlängerung keine Entscheidung, kommt es zum Elfmeterschießen. Dabei treten zunächst von jeder Mannschaft jeweils fünf Schützen an. Besteht nach jeweils fünf geschossenen Strafstößen Gleichstand, wird das Elfmeterschießen in Einzel-Duellen fortgesetzt, bis ein Sieger ermittelt ist.

Der Spanier Fabregas verwandelt im Halbfinale der EM 2012 gegen Portugal den entscheidenden Elfmeter. Das Spiel stand nach Verlängerung 0:0, das Elfmeterschießen endete mit 4:2 für Spanien.

SCHIEDSRICHTERBALL

Wenn ein Spiel zeitweilig unterbrochen werden musste, aber ohne einen Grund, der in den Spielregeln festgelegt ist, wird es mit einem Schiedsrichterball fortgesetzt. Der Schiedsrichter lässt den Ball an der Stelle fallen, wo er sich bei der Unterbrechung des Spiels befand. Das Spiel ist fortgesetzt, wenn der Ball den Boden berührt.

Aufforderung zum Fair Play: Jimmy Howcroft, Englands strengster Schiedsrichter in der Zeit nach dem Ersten Weltkrieg, bewirkt vor dem Beginn eines Spiels zwischen Notts County und Aston Villa eine freundschaftliche Geste zwischen den Kapitänen Billy Flint (links) und Frank Barson (rechts). Barson galt als einer der brutalsten Spieler dieser Zeit. Selbst im letzten Spiel seiner Karriere wurde er vom Platz gestellt.

Mit indirektem Freistoß wird das Sperren ohne Ball geahndet.

Was ist die Aufgabe des Schiedsrichters?

Ohne Schiedsrichter geht im Fußball gar nichts. Er ist der Leiter des Spiels und muss dafür sorgen, dass die Regeln eingehalten werden. Und nur er hat das Recht, ein Spiel bei Regelverstößen, schlechtem Wetter oder Störungen durch Zuschauer zu unterbrechen oder sogar abzubrechen.

Alle Entscheidungen des Schiedsrichters sind Tatsachenentscheidungen. Das heißt: Sie gelten selbst dann, wenn er sich geirrt hat. Es hat also gar keinen Zweck, sich darüber aufzuregen, wenn der Schiedsrichter ein Foul gepfiffen hat, obwohl es gar keines war. Was der Schiedsrichter pfeift, gilt ohne Wenn und Aber. Das ist auch gut so, denn sonst würde es nach jedem Pfiff Diskussionen geben. Und wer sich darüber aufregt, wenn der Schiedsrichter einmal danebenliegt, sollte immer daran denken, dass er seine Entscheidung in Sekundenschnelle treffen muss. Da können eben schon mal Fehler passieren.

Unterstützt wird der Schiedsrichter bei all seinen Entscheidungen durch zwei Assistenten (Linienrichter), die jeweils für eine Hälfte des Spielfelds zuständig sind. Sie verfolgen das Geschehen von den Seitenlinien aus und schwingen ihre Fähnchen, um anzuzeigen, wenn der Ball im Aus ist und welche Mannschaft

den Einwurf, Eckstoß oder Abstoß auszuführen hat. Zu ihren wichtigsten Aufgaben gehört es außerdem, dem Schiedsrichter Abseitssituationen zu melden.

Was passiert, wenn der Schiedsrichter pfeift?

Die wichtigste Funktion des Schiedsrichters ist die Ahndung von Foulspiel und unsportlichem Betragen. Schwere Regelverstöße bestraft er mit direktem Freistoß (der Ball darf direkt aufs Tor geschossen werden), leichte mit indirektem Freistoß (der Ball muss vor dem Torschuss noch von einem weiteren Spieler berührt werden; dabei ist es egal, ob von einem Gegner oder von einem Mitspieler).

Beinstellen führt zu einem direkten Freistoß.

Ein Spieler verursacht zum Beispiel einen direkten Freistoß für die gegnerische Mannschaft, wenn er einen Gegner festhält, rempelt, stößt, anspringt, schlägt, tritt oder ihm ein Bein stellt. Einen direkten Freistoß gibt es außerdem auch bei Vergehen wie Anspucken oder absichtlichem Handspiel. Findet das Foul innerhalb des Strafraums statt, entscheidet der Schiedsrichter auf Strafstoß.

Ein indirekter Freistoß wird zum Beispiel verhängt, wenn ein Spieler den Lauf des Gegners behindert (Sperren ohne Ball) oder durch eine Aktion – etwa einen Fallrückzieher im Gedränge vor dem Tor – die Gesundheit des Gegners gefährdet (gefährliches Spiel). Außerdem gibt es

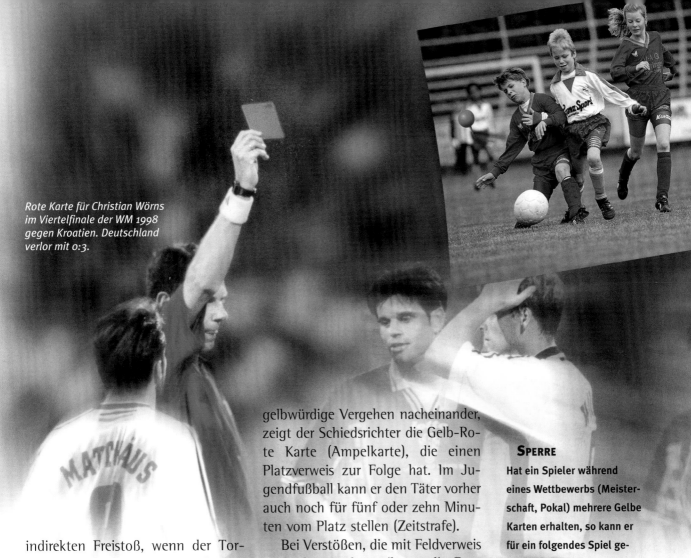

Rote Karte für Christian Wörns im Viertelfinale der WM 1998 gegen Kroatien. Deutschland verlor mit 0:3.

indirekten Freistoß, wenn der Torwart innerhalb seines Strafraums den Ball länger als sechs Sekunden festhält oder einen Ball mit der Hand aufnimmt, der ihm von einem Mitspieler absichtlich mit dem Fuß zugespielt wurde.

Das unsportliche Verhalten eines Spielers kann zusätzlich zum Freistoß auch mit einer persönlichen Strafe geahndet werden. Mit einer Gelben Karte wird zum Beispiel wiederholtes Foulspiel, das Vortäuschen eines Fouls („Schwalbe"), absichtliches Verzögern des Spiels oder Meckern gegen eine Entscheidung des Schiedsrichters bestraft. Begeht ein Spieler mehrere

Wann zeigt der Schiedsrichter Gelb oder Rot?

gelbwürdige Vergehen nacheinander, zeigt der Schiedsrichter die Gelb-Rote Karte (Ampelkarte), die einen Platzverweis zur Folge hat. Im Jugendfußball kann er den Täter vorher auch noch für fünf oder zehn Minuten vom Platz stellen (Zeitstrafe).

Bei Verstößen, die mit Feldverweis geahndet werden, gibt es die Rote Karte. Ein Feldverweis ist immer dann fällig, wenn ein Spieler seinen Gegner absichtlich tritt oder schlägt (Tätlichkeit), sich unsportlich verhält (z.B. Anspucken, Beleidigungen) oder eine Torchance des Gegners durch absichtliches Handspiel oder ein Foul („Notbremse") verhindert.

Wenn es ein Foul gegeben hat, die angreifende Mannschaft aber durch einen Pfiff an einer guten Chance gehindert würde, lässt der Schiedsrichter die Vorteilsregel gelten. Er rudert dann mit den Armen, um zu zeigen: „Weiterspielen!"

SPERRE

Hat ein Spieler während eines Wettbewerbs (Meisterschaft, Pokal) mehrere Gelbe Karten erhalten, so kann er für ein folgendes Spiel gesperrt werden. Bei der Gelb-Roten Karte ist der Spieler ebenfalls für das nächste Spiel gesperrt. Die Rote Karte hat je nach Schwere des Fouls eine Sperre für ein oder mehrere Spiele zur Folge.

Direkter Freistoß

Indirekter Freistoß

Weiterspielen

Der Schiedsrichter-Assistent hebt die Fahne und der Spieler kann es nicht fassen: Abseits!

Abseits: A schlägt einen Pass zu B. B ist abseits, weil er sich vor A befindet und weil sich im Augenblick, als ihm der Ball von A zugespielt wird, nur noch ein Gegner, nämlich der Torwart, zwischen ihm und der Torlinie befindet.

Die Abseitsregel ist diejenige Fußballregel, die am schwierigsten zu erklären ist. Selbst Fußballprofis tun sich schwer damit, diese Regel so darzustellen, dass man sie auf Anhieb verstehen kann. Franz Beckenbauer behalf sich einmal mit der Feststellung: „Abseits ist, wenn der Schiedsrichter pfeift." Nicht alle Pfiffe erfolgen aber zurecht.

Wann ist ein Spieler im Abseits?

Ein Spieler befindet sich dann in einer Abseitsstellung, wenn er der gegnerischen Torlinie näher ist als der Ball und sich nicht mindestens noch zwei Gegenspieler (auch der Torwart wird dabei mitgezählt) in dem Raum zwischen ihm und der Torlinie befinden. Die Abseitsstellung selbst – man spricht hier auch von passivem Abseits – ist noch nicht strafbar. Der Schiedsrichter soll erst dann pfeifen, wenn der Ball dem im Abseits stehenden Spieler von einem Mannschaftskollegen zugespielt wird.

Entscheidend ist dabei der Moment der Ballabgabe durch den Mitspieler: Eine Regelübertretung liegt nur dann vor, wenn der Ball, der dem im Abseits stehenden Spieler zugespielt werden soll, den Fuß seines Mitspielers noch nicht verlassen hat. Nach jeder in diesem Sinn strafbaren Abseitsstellung verhängt der Schiedsrichter einen indirekten Freistoß für die gegnerische Mannschaft, und zwar an der Stelle, an der sich der Verstoß ereignete.

Was bedeutet „gleiche Höhe"?

Der Schiedsrichter pfeift kein Abseits, wenn ein Angreifer erst nach der Ballabgabe den – von der gegnerischen Torlinie aus betrachtet – vorletzten Spieler des Gegners überläuft. Kein Abseits liegt auch vor, wenn sich der Angreifer bei der Ballabgabe auf gleicher Höhe mit dem vorletzten Gegenspieler des Gegners befindet. Zudem ist die Abseitsregel in einigen Fällen außer Kraft gesetzt: Kein Abseits liegt vor, wenn ein Spieler den Ball in seiner eigenen Spielhälfte zugespielt bekommt oder direkt von einem Abstoß, einem Einwurf oder einem Eckstoß erhält.

Umgekehrt gibt es Fälle, in denen ein zunächst unbeteiligter Angreifer seine passive Abseitsstellung aufhebt. Dafür muss er nicht einmal versuchen, den Ball zu erreichen. Es genügt, wenn ein Spieler in Abseitsstellung dem Torwart die Sicht versperrt oder ihn irritiert. Er greift damit ins Spiel ein, wird also aktiv und der Schiedsrichter muss auf Abseits entscheiden.

Warum ist die Abseitsregel so wichtig?

Wie wichtig die Abseitsregel für den Ablauf des Fußballspiels ist, kann man sich anhand eines Vergleichs mit Handball und Basketball klarmachen. Diese beiden Spiele kennen keine Abseitsregel. Deswegen läuft dort das Spiel vor allem vor dem Tor bzw. unter dem Korb ab. Der Raum zwischen den Toren, das Mittelfeld, hat für den Ablauf des Spiels kaum eine Bedeutung. Ganz anders ist es beim Fußball. Weil sie eine Abseitsstel-

Nach der Änderung der Abseitsregel im Jahr 1925 stellte Dixie Dean, Stürmer des FC Everton, einen sagenhaften Torerekord auf. In der Saison 1927/1928 erzielte er in 39 Spielen 60 Tore.

lung vermeiden müssen, können die Angreifer nicht einfach vor dem Tor des Gegners auf den Ball warten. Daher müssen die entscheidenden Aktionen, die später zu Torchancen führen, bereits im Mittelfeld eingeleitet werden.

Durch die Abseitsregel bekommt der Fußball eine gewisse Ähnlichkeit mit dem Schachspiel. Eine Mannschaft, die im Fußball ein Tor erzielen will, muss kluge Spielzüge ersinnen, mit denen die Abwehr des Gegners überlistet werden kann. Um nicht aus Versehen ins Abseits zu laufen, müssen die Angreifer die Verteidiger des Gegners ständig im Auge behalten. Die einen müssen im richtigen Moment den Ball abgeben,

und die anderen müssen im richtigen Moment nach vorne laufen, den Ball annehmen und aufs Tor schießen.

ALTE ABSEITSREGEL

Nach der ersten Abseitsregel, die bis 1925 gültig war, befand sich ein Spieler im Abseits, wenn er der gegnerischen Torlinie im Moment der Ballabgabe näher war als die drei letzten Abwehrspieler der verteidigenden Mannschaft. Um nicht ins Abseits zu laufen, mussten die Stürmer also statt auf zwei, wie heutzutage, auf drei Gegner achten. Das ist natürlich ziemlich schwierig, und deshalb gab es damals in manchen Spielen der englischen Liga bis zu 40 Abseitsentscheidungen. Die Stürmer kamen praktisch gar nicht mehr vor das Tor des Gegners, und es gab kaum Treffer. Nach der Regeländerung verringerte sich die Zahl der Abseitspfiffe, und die Stürmer hatten nun viel mehr Torchancen.

Kein Abseits: A schlägt einen Pass zu B, der von Position 1 zu Position 2 läuft, um den Ball anzunehmen. B ist nicht abseits, weil er sich in dem Moment, in dem A den Ball berührt (Ballabgabe), nicht in einer Abseitsstellung befindet. Er steht nicht näher bei der gegnerischen Torlinie als zwei Gegenspieler.

2.

1.

So wird ein Ball mit dem Oberschenkel gestoppt.

Technik

Der Portugiese Eusebio, 1968 und 1973 bester Torschütze in Europa, jongliert gekonnt mit dem Ball.

Ein guter Fußballer muss die

Wie wird der Ball zum Freund?

Fähigkeit haben, mit dem Ball zu machen, was er will. Früher, als die Bälle noch aus Leder waren und keiner dem anderen glich, hatten die Spieler ein sehr intensives Verhältnis zum Ball. Fritz Walter, der ehemalige Kapitän der deutschen Nationalmannschaft, behauptete, dass ein „schlechter" Ball nicht mitspiele: „Er sang nicht, er ließ sich nicht streicheln, er war nicht Kamerad und Freund des Spielers, sondern ein Fremder." Bis einem der Umgang mit dem Ball vertraut wird, dauert es einige Zeit.

Man muss immer wieder üben, um das richtige Ballgefühl zu bekommen und das Einmaleins des Fußballspiels zu lernen.

Eine gute Übung zur Ballbeherrschung ist zum Beispiel das Jonglieren. Dabei wird der Ball mit der Fußsohle nach hinten gezogen und dann auf die Oberseite des Fußes, den Spann, genommen. Nun kann man mit ihm jonglieren – von einem Fuß auf den anderen, dann nimmt man die Oberschenkel dazu, und wenn man ganz gut ist, sogar den Kopf.

Bevor man mit dem Ball laufen,

Wie stoppt und kontrolliert man den Ball?

einen Pass auf einen Mitspieler geben oder aufs Tor schießen kann, muss man ihn sicher annehmen und kontrollieren können – egal, ob er hoch oder flach angeflogen kommt. Der Ball kann mit der Außenseite des Fußes oder mit der Sohle gestoppt werden, doch im Normalfall benutzt man dazu die Innenseite des Fußes. Dabei wird der Fuß dem heranrollenden Ball entgegengeführt und noch vor dem Moment des Auftreffens im richtigen Tempo wieder zurückgenommen. So wird die Wucht des ankommenden Balles abgefedert, und er springt nicht weg. Bei Könnern sieht es beinahe so aus, als bliebe der Ball am Fuß kleben.

Ähnlich funktioniert auch eine Annahme aus der Luft. Wenn man viel übt, kann man den Ball mit der

Hohe Bälle können auch mit der Innenseite des Fußes „heruntergepflückt" werden.

Flache Bälle werden meist mit der Innenseite gestoppt.

Gar nicht so einfach: die Ballannahme mit der Brust.

Oberseite des Fußes richtig auffangen: Er bleibt liegen, als wäre er in Butter gefallen. Hohe Bälle können auch mit der Brust, halbhohe mit dem Oberschenkel gestoppt werden. Dabei muss man ebenfalls die Eigenbewegung des Balles aufnehmen. Mit viel Übung kann man den Ball am Körper sanft „abtropfen" lassen.

Beim Fußball genügt es nicht, den Ball nur an Ort und Stelle zu kontrollieren. Fußball ist ja ein Laufspiel, bei dem der Ball meistens in der Bewegung mitgenommen werden muss. Bevor man ihn an einen Mitspieler weiterleiten

Was ist ein Dribbling?

kann, muss man selbst oft größere Strecken mit ihm zurücklegen.

Die wichtigste Technik, die man dazu braucht, ist das Dribbeln (vom englischen Wort „to dribble", was so viel heißt wie „tröpfeln lassen"). Beim Dribbeln treibt man den Ball im Laufen mit kurzen Stößen vor sich her. Dabei kann der Ball sowohl mit der Innenseite des Fußes als auch mit der Außenseite oder mit dem Spann geführt werden. Sichere Ballkontrolle hat man erreicht, wenn man den Ball mit beiden Füßen so eng führen kann, dass der angreifende Gegner praktisch keine Chance mehr hat, ihn wegzuspitzeln. Ein perfekter Dribbler ist in der Lage, den Ball blind zu kontrollieren. Dadurch hat er den Vorteil, dass er das Geschehen auf dem Spielfeld immer im Auge behalten kann.

Eine Spezialität der deutschen Rekordnationalspielerin Birgit Prinz: Die Ballannahme mit dem Außenrist.

Beim Dribbling muss der Ball immer eng am Fuß bleiben.

Franck Ribéry, Europas Fußballer des Jahres 2013, beherrscht die Kunst des Dribblings wie kaum ein Zweiter.

Im Spiel müssen die Bälle oft im Lauf angenommen werden. Dann kann man ein Dribbling starten oder den Ball zu einem Mitspieler weitergeben.

Der dreifache Weltfußballer Zinedine Zidane demonstriert eine perfekte Schusstechnik.

Didier Drogba, Kapitän der Nationalelf der Elfenbeinküste, war im Trikot des FC Chelsea einer der besten Kopfballspieler.

KOPFBALL

Beim Kopfball (unten im Bild) muss man im richtigen Augenblick hochspringen, den Oberkörper wie einen Bogen nach hinten spannen und dann mit dem Kopf schlagartig nach vorne schnellen. Der Ball muss möglichst frontal mit der Stirn getroffen werden, und zwar genau dann, wenn man den höchsten Punkt des Sprunges erreicht hat.

Fast alle Fußballanfänger spielen den Ball zunächst mit der Fußspitze. Doch diese Stoßtechnik ist falsch, weil sie nur völlig unberechenbare Schüsse erlaubt. Das richtige Schießen muss man erst lernen. Je nachdem, mit welcher Partie des Fußes geschossen wird (ob mit Innenseite, Innenspann, Vollspann oder Außenspann), spricht man von Innenseit-, Innenspann-, Voll- spann- oder Außenspannstoß. Will man den Ball auf einen Mitspieler passen, benutzt man den Innen- und Außenspann, den Kurzpass spielt man mit der Innenseite. Wichtig für die sichere Ausführung aller Stöße ist, dass man das

> **Warum darf man nicht mit der Fußspitze schießen?**

Standbein direkt neben den Ball stellt. Will man den Ball flach spielen, muss man den Oberkörper leicht nach vorn beugen.

Der Innenseitstoß ist die Grundlage des Fußballspiels. Dabei wird die Innenseite des Fußes gegen den Ball bewegt. Trifft man den Ball in seinem Zentrum, so sind sehr zielgenaue Stöße möglich. Während man mit der Innenseite meist kurze Pässe spielt, benutzt man für weite und schärfere Bälle den Innenspann.

▼ Innenseite

Die Grundtechnik des Fußballspiels ist der Stoß mit der Innenseite. So werden die meisten Pässe gespielt.

Ob beim Flanken oder beim Torschuss: Brasiliens junger Superstar Neymar zeigt immer eine tolle Technik.

Den Vollspann verwendet man vor allem, wenn man den Ball wuchtig und gerade aufs Tor schießen will. Dabei kommt es weniger auf die Kraft als auf die richtige Technik an. Für einen sicheren Stoß muss man den Fuß so weit nach unten drücken, dass er mit dem Schienbein fast eine Gerade bildet. Dann muss der Ball, bei fixiertem Fußgelenk, möglichst mit der ganzen Schnürung des Schuhs getroffen werden.

Nach einem Schuss drehen sich Bälle oft um die Kurve – manchmal, ohne dass man das beabsichtigt hat. Die Erklärung dafür:

Was sind Effet, Volley und Dropkick?

Wenn man den Ball mit dem Innen- oder Außenspann spielt und dabei nicht genau im Zentrum trifft, sondern nur an der Außenseite „anschrammt", wird er in eine Eigendrehung (Drall) versetzt. Solche angeschnittenen Bälle bekommen Effet: Sie fliegen nicht mehr auf einer geraden, sondern auf einer gebogenen Bahn.

Der Ausdruck „Effet" war früher nur beim Billard gebräuchlich. Deshalb hämmerte der ungarische Trainer Gyuri Orth seinen Spielern immer wieder ein: „Ball muss für guten Fußballspieler sein wie Kugel für Billardspieler. Also kann ich auch schießen und flanken mit Effet." Effetbälle werden vor allem bei Eckstößen und Flanken geschlagen. Besonders gefährlich sind sie bei Freistößen, wenn der Schütze den Ball an den Gegnern vorbeizirkelt.

Manchmal bietet es sich an, einen hoch heranfliegenden Ball direkt aus der Luft zu nehmen und zu schießen, bevor er den Boden berührt hat. Einen solchen Schuss nennt man Volley. Ist der Ball vorher auf dem Boden aufgekommen und der Spieler trifft ihn genau im Moment des Abprallens, spricht man von Dropkick (vom englischen Wort „to drop": tropfen).

Außenspann

Innenseite

Innenspann

Vollspann

Mit diesen Partien des Fußes wird der Ball geschossen. Die Fußspitze sollte nicht verwendet werden.

Außenspann ▼

So funktioniert der Schuss mit dem Außenspann. Er eignet sich besonders für elegante Heber („Schlenzer").

◄ *Vollspann*

Beim kraftvollen Torschuss wird der Ball mit dem Vollspann gespielt.

Innenspann ►

Der Innenspannstoß eignet sich für lange Pässe und Effetschüsse. Beim Effet wird der Ball seitlich getroffen und dadurch so angeschnitten, dass er fast um die Kurve fliegt.

Oliver Kahn (Bayern München) hält konzentriert den Ball fest. In den Jahren 2001 und 2002 ernannte ihn eine internationale Expertenkommission zum besten Torhüter der Welt.

So wird der Ball gefangen und anschließend an der Brust gesichert.

Der Torwart hat eine sehr schwierige Aufgabe. Als „letzter Mann" ist er der Einzige, der Fehler seiner Mitspieler noch ausbügeln kann. Greift er allerdings selbst einmal daneben, gibt es meist ein Tor. Als Torwart muss man über eine ausgereifte Fangtechnik, ein gutes Stellungsspiel und nicht zuletzt über eine große Portion Mut verfügen. Nur wer sich traut, sich ins Spielergetümmel vor dem Tor zu werfen, kann seinen Strafraum beherrschen. Der Torwart dirigiert bei einem Freistoß die Mauer und macht seine Verteidiger auf gefährliche Situationen aufmerksam. Schließlich hat er von hinten

Was muss ein Torwart können?

den besten Überblick. Wichtig ist auch, dass er immer die Ruhe bewahrt. Wenn der letzte Mann nervös ist, kann das die ganze Mannschaft verunsichern.

Ein guter Torwart beherrscht jedoch nicht nur Techniken wie das Fangen und Fausten. Er ist nicht nur dazu da, Tore zu verhindern, sondern er ist auch der erste Spieler, der die Angriffe seiner Mannschaft einleitet. Wenn er den Ball gefangen hat, muss er ihn einem frei stehenden Mitspieler zuwerfen oder aber mit einem weiten Abschlag sofort wieder Gefahr vor das gegnerische Tor bringen.

Wie fängt und faustet man den Ball?

Grundlage des Torwartspiels ist das Fangen. Bei flachen Bällen geht der Keeper leicht in die Knie und führt die Hände mit gespreizten Fingern dem Ball entgegen. Dabei muss sich der Körper immer hinter dem Ball befinden, und die Beine sollten geschlossen sein, denn sonst könnte der Ball leicht hindurchrollen. Hat der Torwart den Ball aufgenommen, drückt er ihn an die Brust und umschließt ihn fest mit

So werden flache Bälle sicher aufgenommen.

AUSRÜSTUNG

Zum Schutz vor Verletzungen gibt es für Torwarte spezielle Pullover und Hosen, die an Ellenbogen, Hüften und Knien gepolstert sind. Wichtig sind auch Torwarthandschuhe. Sie haben eine spezielle Beschichtung, sodass man den Ball besser fangen und festhalten kann.

Händen und Armen. So ist er sicher unter Kontrolle. Bei halbhohen Bällen sollten Hände und Unterarme den Ball wie eine Schaufel aufnehmen. Wenn man den Oberkörper etwas nach vorn beugt, den Bauch einzieht und den Rücken rund macht, entsteht eine „Höhle", in der man den Ball sicher „verstecken" kann. Bei hohen Bällen muss der Torwart oft nach dem Ball hechten. Wenn er mit Daumen und Zeigefinger ein Dreieck bildet, kann er den Ball herunterpflücken und anschließend an der Brust sichern.

Bei besonders scharfen und schwierigen Bällen ist es oft schwer, den Ball sicher zu fangen. Dann sollte ihn der Torwart besser wegfausten. Dabei reißt er die geballten Fäuste vor der Brust hoch und befördert den Ball mit einem Stoß aus der Gefahrenzone. Auf zwei Dinge muss er dabei achten: dass der Daumen nicht innen ist (Verletzungsgefahr) und dass er den Ball genau in der Mitte trifft, denn nur dann prallt er kontrolliert ab. Schüsse, die weder gefangen noch gefaustet werden können, lenkt der Torwart mit den Handflächen über die Latte oder am Pfosten vorbei.

Wann muss der Torwart herauslaufen?

Gute Torhüter zeichnen sich nicht nur dadurch aus, dass sie katzengleich durch die Luft fliegen und die Bälle aus dem Toreck fischen. Sie müssen außerdem ihren Strafraum beherrschen und Flanken außerhalb des Torraums sicher abfangen. Ein Torwart sollte auch nicht nur auf der Linie kleben. Kommt ein gegnerischer Stürmer auf ihn zu, muss er rechtzeitig herauslaufen und so den Schusswinkel verkürzen. Dann bleibt dem Gegner weniger Raum, das Leder an ihm vorbei ins Tor zu schieben. Manchmal kommt es sogar vor, dass der Torwart einen Angriff schon vor dem Strafraum mit dem Fuß abwehren muss.

Da der Torwart nach der Rückpassregel einen Ball, den ihm ein Verteidiger der eigenen Mannschaft absichtlich mit dem Fuß zugespielt hat, nicht mehr mit der Hand aufnehmen darf, ist es heutzutage wichtiger denn je, dass der Torwart auch ein sehr guter Fußballer ist. Denn er muss den Ball bei Rückpässen sicher mit dem Fuß kontrollieren und dann mit einem gezielten Pass zu einem seiner Mitspieler weiterleiten können.

Er gilt als bester Torwart aller Zeiten: Lew Jaschin, der „schwarze Panther", der 78-mal für die russische Nationalmannschaft im Tor stand.

Unten: Läuft der Torwart dem Stürmer entgegen, verengt er den Schusswinkel und verringert so die Möglichkeit für einen erfolgreichen Schuss.
Links: Torhüter Manuel Neuer (Spezialität: weite Abwürfe)

Philipp Lahm, Kapitän der deutschen National-elf und einer der besten Außenverteidiger der Welt, stoppt den italienischen Stürmer Mario Balotelli.

So funktioniert das Tackling: Der Ball wird abgeblockt und über den Fuß des Gegners gedrückt. Oft gelingt es nicht beim ersten Versuch, dem Stürmer den Ball abzujagen. Dann muss man nachsetzen und es erneut probieren.

1.

2.

3.

Was muss ein Verteidiger können?

Die Abwehr einer Fußballmannschaft besteht aus Außenverteidigern und Innenverteidigern. Sie spielen heute meist auf einer Linie nebeneinander ("Kette"). Früher war auch eine doppelte Sicherung in der Mitte üblich (mit "Stopper" und "Vorstopper").

Die Hauptaufgabe der Abwehr ist das Bewachen und Ausschalten (Decken) der gegnerischen Stürmer. Verteidiger müssen wendig und hart im Zweikampf sein, und auch das Kopfballspiel zur Abwehr von Flanken müssen sie gut beherrschen. Weil sie manchmal vom Trainer die Anweisung bekommen, den Gegner mit enger Deckung auszuschalten, nennt man sie auch Manndecker.

Früher sollten Verteidiger ihren Gegenspieler auf Schritt und Tritt verfolgen, notfalls, so hieß es, "bis aufs Klo". Natürlich muss auch heute noch ein Verteidiger dem Stürmer

nachsetzen, ihn am Toreschießen hindern und versuchen, ihm den Ball abzujagen. Doch im modernen Fußball müssen Verteidiger darüber hinaus jederzeit bereit sein, sich in den Angriff einzuschalten. Oft übernehmen die beiden Außenverteidiger die Rolle von Flügelstürmern. Sie stürmen an der Seitenlinie nach vorn und bereiten mit ihren Flanken Tore vor. Und die Innenverteidiger, die meist sehr kopfballstark sind, rücken bei Frei- und Eckstößen in den gegnerischen Strafraum vor und erzielen dabei nicht selten schöne Tore.

Was geschieht beim Tackling?

Die Grundtechnik der Abwehrspieler ist das Tackling. Der Begriff leitet sich von dem englischen Wort "to tackle" ab, das so viel wie "jemanden angreifen" bedeutet. Beim Tackling versucht der Verteidiger, den Gegner vom Ball zu trennen. Dabei stellt er sich, leicht vorgebeugt, dem Stürmer in den Weg und versucht, den Ball im richtigen Moment mit der Fußinnenseite abzublocken und über den Fuß des Gegners zu drücken. Wenn der Ball frei ist, setzt er ihm nach und geht mit ihm auf und davon.

Ist dem Verteidiger das Tackling nicht gelungen, muss er dem Stürmer, der an ihm vorbeigedribbelt ist, sofort nachsetzen und einen neuen Angriff versuchen. Aber Vorsicht! Das Tackling von hinten ist seit 1993 verboten und wird als Foulspiel geahndet.

Riskant ist auch das Gleittackling. Bei dieser Technik versucht der Verteidiger, dem Angreifer den Ball durch seitliches Hineingrätschen vom Fuß zu spitzeln. Es ist nicht einfach, dabei gezielt den Ball und nicht die Beine des Gegners zu treffen. Die Verletzungsgefahr ist groß, und der Pfiff des Schiedsrichters, der ein Foul gesehen hat, liegt immer in der Luft. Außerdem kann man den Ball leicht verfehlen. Dann liegt man am Boden, und der gegnerische Stürmer hat freie Bahn zum Tor.

Warum ist das Stellungsspiel in der Abwehr so wichtig?

Ein Abwehrspieler muss immer Ball und Gegner im Auge behalten. Nur so kann er zur rechten Zeit eingreifen. Wichtig ist dabei auch, dass er immer auf seine eigene Stellung zum Gegner achtet. Er sollte stets zwischen dem Angreifer und dem eigenen Tor stehen und versuchen, diesen zur Seitenlinie hin abzudrängen. Indem er darauf achtet, dass sein Weg zum eigenen Tor immer kürzer ist als der des Gegners, kann ein Verteidiger der Gefahr vorbeugen, überlaufen zu werden.

Bei Flanken und Eckstößen, die im Strafraum vor dem Tor erwartet werden, sollte sich der Abwehrspieler seitlich hinter dem Stürmer aufhalten und stets mit ihm in Schulterkontakt bleiben. Es ist wichtig, die beste Ausgangsposition für die Kopfballabwehr zu erreichen. Überhaupt sollte der Verteidiger den Stürmer, wenn möglich, immer direkt bei der Ballannahme stören. Denn es ist leichter, den Ball zu erobern, wenn ihn der Stürmer noch nicht unter Kontrolle hat.

Mats Hummels (Borussia Dortmund) klärt gegen den Bayernstürmer Arjen Robben. Nationalspieler Hummels zählt zu den besten Innenverteidigern der Bundesliga.

LIBERO

Früher hieß der letzte Mann in der Abwehrkette „Stopper" oder „Ausputzer". Er verließ seine Abwehrposition nie und hatte die Aufgabe, gefährliche Situationen durch Wegschlagen des Balles zu bereinigen. An seine Stelle trat später der „freie Mann", der Libero. Wie der Ausputzer hat auch er keinen direkten Gegenspieler und die Aufgabe, gefährliche Situationen im Strafraum zu bereinigen. Darüber hinaus soll er sich bei Ballbesitz aber auch spielgestaltend in den Angriff einschalten. Die Position des Liberos füllte niemand so perfekt aus wie Franz Beckenbauer, der bei seinen Ausflügen in die Offensive von Vorstopper Georg Schwarzenbeck zuverlässig abgesichert wurde.

Franz Beckenbauer, der elegante Libero der deutschen Nationalmannschaft in den 1970er-Jahren

Stellungsspiel: Der Verteidiger schirmt den Angreifer ab und achtet dabei immer darauf, den kürzeren Weg zum eigenen Tor zu haben. Ziel ist, den Stürmer zur Seitenlinie hin abzudrängen.

45

Michel Platini, berühmter Spielmacher der französischen Nationalelf, führte seine Mannschaft 1984 zum Europameistertitel und schoss dabei neun Tore. Der heutige UEFA-Präsident wurde dreimal nacheinander zu Europas Fußballer des Jahres gewählt (1983–1985).

> **Welche Aufgaben haben die Mittelfeldspieler?**

Die Mittelfeldspieler sind das Bindeglied zwischen Abwehr und Sturm. Sie haben offensive und defensive Aufgaben. Einerseits treiben sie den Ball nach vorn, versorgen die Stürmer mit Vorlagen und versuchen oft selbst einen Torschuss, andererseits helfen sie aber auch in der Verteidigung aus, wenn der Gegner in Ballbesitz ist.

Die zentralen Mittelfeldspieler müssen Spielsituationen sehr rasch erkennen und mit intelligenten Aktionen darauf reagieren

können. Oft genügt bereits ein einziger guter Pass, um einem Mitspieler den Raum für einen Angriff auf das Tor des Gegners zu öffnen. Dabei sind die Spieler, die das Spiel mit genauen und weiten Pässen öffnen, natürlich abhängig von anderen, die sich richtig freilaufen und weite Wege gehen. Im Mittelfeld müssen oft lange Strecken ohne Ball zurückgelegt werden. Darum werden dort meist Spieler eingesetzt, die sehr schnell und konditionsstark sind.

Ein erfolgreiches Spiel im Mittelfeld hängt davon ab, dass möglichst immer ein Spieler der eigenen Mannschaft ungedeckt und damit frei für ein Anspiel ist. Trainer bezeichnen dies als „Überzahl schaffen".

Überzahl kann man natürlich nur dann schaffen, wenn viele Spieler viel laufen und auch Verteidiger mit nach vorn gehen, um sich zum Anspiel anzubieten. Rechtzeitig freilaufen und rechtzeitig abspielen: So kann man das Mittelfeld schnell und kraftsparend überbrücken und den Ball gefährlich vor das Tor des Gegners bringen.

Indem sie sich freilaufen, helfen Mittelfeldspieler sich gegenseitig und vermeiden kraftraubende Zweikämpfe.

Mesut Özil glänzt seit der WM 2010 als Ballverteiler und Spielmacher in der deutschen Nationalmannschaft.

Der einfachste Weg, einen Gegenspieler zu umspielen, ist der Doppelpass. Spieler A hat gerade zu einem frei stehenden Mitspieler gepasst. Nun läuft er schnell an seinem Gegenspieler vorbei, um den direkten Rückpass seines Mitspielers sofort wieder aufzunehmen.

Wer machte die Nummer „10" berühmt?

Jede Mannschaft braucht einen zentralen Spieler, der den anderen Kommandos gibt und sie antreibt, der die Bälle verteilt und die entscheidenden Pässe spielt. Dieser Spieler macht sozusagen das Spiel, und man nennt ihn daher auch Spielmacher. Weil er eine ähnliche Funktion hat wie der Filmregisseur für die Schauspieler oder der Dirigent für die Musiker, spricht man manchmal auch vom Regisseur oder Dirigenten.

Spielmacher erkannte man früher an dem Trikot mit der Nummer 10. Der Brasilianer Pelé trug es bei der WM 1958 und spielte so gut, dass es fortan zum begehrtesten Trikot wurde. Ballgewandte Mittelfeld-Asse wie der Deutsche Günter Netzer, der Argentinier Diego Maradona, die Franzosen Michel Platini und Zinedine Zidane oder der Holländer Johan Cruyff waren stolz, die „10" tragen zu dürfen.

Neben den Regisseuren darf man aber auch die „Regieassistenten" nicht vergessen. Es sind lauf- und konditionsstarke Spieler, die im Mittelfeld lange Wege gehen und die notwendigen Defensivaufgaben übernehmen. Solche Spieler, die sich den Spielmachern der Mannschaft unterordnen und für sie Hilfsdienste leisten, nannte man früher Wasserträger. Ein wertvoller Spieler dieser Art war zum Beispiel „Hacki" Wimmer. In der deutschen Nationalelf, die 1972 Europameister wurde, schleppte Wimmer für den eher lauffaulen Günter Netzer die Bälle durchs Mittelfeld. Heute sind die Aufgaben im Mittelfeld auf viele Schultern verteilt. Am perfektesten zirkuliert der Ball beim FC Barcelona, wo die Supertechniker Xavi und Iniesta den Takt vorgeben (und Lionel Messi die „10" trägt). In der deutschen Nationalelf stehen ihnen Mesut Özil und Toni Kroos kaum nach.

Diego Maradona, Weltmeister 1986, war in der Lage, allein eine ganze gegnerische Mannschaft auszuspielen.

Bobby Charlton, der Spielmacher des englischen Weltmeister-Teams von 1966, war viele Jahre lang der beste Fußballer Englands.

Stanley Matthews, der berühmte englische Rechtsaußen, hatte die wohl längste Profikarriere aller Zeiten. Er begann 1932 als 17-Jähriger bei Stoke City und beendete 1965 als 50-Jähriger seine Laufbahn.

TÄUSCHUNGEN, TRICKS UND FINTEN

Um den Ball beim Dribbling am Gegner vorbeizubringen, sind Körpertäuschungen und Schussfinten (angetäuschte Schüsse) die wichtigsten Mittel. Ein berühmter Trick ist zum Beispiel der „Matthews-Trick", nach dem Engländer Stanley Matthews: Der ballführende Spieler täuscht links an und zieht dann, wenn der Gegner auf die angedeutete Bewegung reagiert, rechts vorbei. Ein anderer Trick ist der „Übersteiger", den der Brasilianer Garrincha zum ersten Mal gezeigt hat: Man steigt mit dem ballführenden Bein über den Ball und führt ihn dann mit demselben Bein in gleicher Richtung weiter.

1.

Der Sturm besteht aus Außenstürmern und dem Mittelstürmer. Die Position der Außenstürmer wird heute meistens von Mittelfeldspielern ausgefüllt, die mit nach vorn gehen. Sie sorgen mit ihren Flanken für Torvorlagen, während der Mittelstürmer im Strafraum lauert. Außenstürmer müssen vor allem trickreich sein, der Mittelstürmer dagegen soll vor allem viele Tore schießen. Von allen Stürmern jedoch wird erwartet, dass sie jederzeit anspielbar sind und je nach Spielsituation mit ihren Sturmpartnern die Positionen wechseln, um den Gegner zu verwirren.

> **Was muss ein Stürmer können?**

An einen perfekten Stürmer werden hohe Anforderungen gestellt. Er soll kräftig sein und sich vor dem Tor körperlich gegen die Abwehr durchsetzen – wie Wayne Rooney –, er soll groß sein und per Kopf die Flanken verwerten können – wie Miroslav Klose –, er soll flink sein und den Verteidigern auf engstem Raum Knoten in die Beine dribbeln – wie Lionel Messi –, und er soll schnell sein und im Konterspiel die Abwehr des Gegners übersprinten – wie Cristiano Ronaldo. Mit seinem „Torriecher" soll er immer an der richtigen Stelle bereitstehen – wie Thomas Müller – und dann den Ball entweder mit Wucht unter die Latte hämmern – wie Mario Gomez – oder aber sanft und gefühlvoll ins Eck heben – wie Marco Reus.

Einen solchen Superstürmer, der all diese Anforderungen auf einmal

Der Matthews-Trick: links antäuschen, rechts vorbeigehen

2.

erfüllen würde, gibt es natürlich im wirklichen Leben nicht. Wichtig für den Erfolg einer Mannschaft ist vielmehr, dass sich die unterschiedlichen Stürmertypen im Team gut ergänzen.

> **Wie wird der Torschuss erfolgreich?**

Es gibt eine Reihe komplizierter Schusstechniken, mit denen man wunderbare und spektakuläre Tore erzielen kann, doch sie gelingen nur selten (wie zum Beispiel Fallrückzieher, Hackentrick, Scherenschlag oder Hüftdrehstoß). Wichtiger als die Beherrschung solcher Kunststücke ist für einen Stürmer die Konzentration beim Schuss. Wenn er sich zu sehr vom Torwart ablenken lässt, schießt er diesen oft ungewollt an. Damit der Torschuss gelingt, muss man sich auf die „leere Stelle" im Tor konzentrieren. Mit den Worten „Ich sah nur Loch!" beschrieb einmal ein Schütze seinen Treffer und damit die Kunst der Torjäger vom Schlage

Schwedens Superstar Zlatan Ibrahimovic erzielte am 14.11.2012 im Länderspiel gegen England mit einem spektakulären Fallrückzieher aus 25 Metern den Treffer zum 4:2-Endstand. (In den 1970er Jahren war übrigens der Schalker Stürmer Klaus Fischer ein Spezialist für solche Tore.)

eines Gerd Müller. Der Stürmer von Bayern München, der in seinen 62 Länderspielen unglaubliche 68 Tore schoss, hatte eine so unnachahmliche Art, mit plötzlichen Drehungen aus allen Lagen Tore zu schießen, dass die Journalisten ein neues Wort erfanden: Wenn der Ball wieder einmal im Netz zappelte, dann hatte es „gemüllert".

Es ist bis heute umstritten, wer der beste Torjäger aller Zeiten ist. Mindestens sieben Spieler nehmen für sich in Anspruch, in ihrer Karriere mehr als 1000 Tore erzielt zu haben. Der Erste war der Brasilianer Arthur Friedenreich. Angeblich erzielte er bis zu seinem Karriereende im Jahr 1929 insgesamt 1329 Treffer. Die 1000er-Marke übertrafen auch die Österreicher Franz „Bimbo" Binder und Josef Bican, der Ungar Ferenc Puskas, Deutschlands „Bomber der Nation", Gerd Müller,

Welche Rekordtorjäger gibt es?

Der kleine Argentinier Lionel Messi (FC Barcelona) ist heute einer der besten Torjäger. Allein im Jahr 2012 erzielte der vierfache Weltfußballer in 69 Pflichtspielen die Rekordzahl von 91 Toren.

und der Brasilianer Romario. Sein Landsmann Pelé, der bis heute als bester Spieler überhaupt gilt, machte 1284 Tore. Pelé war allerdings nicht auf jeden Treffer stolz. Sein 1000. Tor erzielte er 1969 per Elfmeter. Das sei, meinte er, „eine feige Art, ein Tor zu schießen".

Der Algerier Madjer vom FC Porto erzielte im Europapokal-Endspiel 1987 gegen Bayern München ein Tor mit der Hacke.

Die Entscheidung im Europameisterschaftsfinale 1980: Horst Hrubesch köpft das 2:1 gegen Belgien. Er versetzte die gegnerischen Abwehrreihen oft so in Schrecken, dass man ihm den Spitznamen „das Kopfball-Ungeheuer" verpasste.

Taktik

Einer allein kann beim Mannschaftsspiel Fußball nichts ausrichten. Deshalb ist neben Technik und Kondition die Taktik die dritte Säule des erfolgreichen Fußballspiels. Taktik, das bedeutet übersetzt „Kunst der Anordnung", meint das kluge und zweckmäßige Verhalten des einzelnen Spielers innerhalb der Mannschaft. Je schneller und besser das Zusammenspiel funktioniert, desto schwerer hat es der Gegner. Taktiken können unterschiedlich ausgerichtet sein, je nachdem, ob man offensiv oder defensiv spielen will, ob man die Raum- oder die Manndeckung bevorzugt, ob das Mittelfeld die Stürmer mit langen Pässen oder durch geschicktes Kurzpass-Spiel in Szene setzt, ob die Außenstürmer den Ball hoch oder flach in den Strafraum flanken. Wenn mehrere taktische Entscheidungen vor dem Spiel festgelegt worden sind, können diese zu einer Strategie gebündelt werden: zu einem ausgetüftelten Plan, wie der Gegner besiegt werden soll.

> **Was ist Taktik?**

Auch so lassen sich Standardsituationen üben.

Die Taktik einer Mannschaft hängt von vielen Gegebenheiten ab. Ein wichtiger Faktor ist zum Beispiel das Wetter. Wenn es regnet und der Boden matschig ist, wird man wenig dribbeln und möglichst sichere Pässe spielen, weil der Ball schwer zu kontrollieren ist. Gegen eine spielerisch überlegene Mannschaft wird man eher auf die Defensive setzen, zum Beispiel durch Manndeckung des Spielmachers oder durch Doppeln (dabei wird der ballführende Gegner von zwei Spielern attackiert). Bei einer schwächeren Mannschaft wird man versuchen, diese durch offensives Kombinationsspiel unter Druck zu setzen. Auch das Auswechseln kann eine taktische Maßnahme sein. Der Trainer kann zum Beispiel kurz vor Spielende für einen Verteidiger noch einen zusätzlichen Stürmer auf den Platz schicken, wenn seine Mannschaft im Rückstand ist.

> **Wonach richtet sich die Taktik?**

Jogi Löw, seit 2006 Trainer der deutschen Nationalmannschaft, dirigiert sein Team vom Spielfeldrand. Er gilt als einer der klügsten Taktiker.

Vor dem Spiel stellt der Trainer zunächst die Mannschaft zusammen. Ein gutes Team besteht nicht einfach aus den besten elf Einzelspielern, sondern aus den Spielern, die am besten miteinander harmonieren. Angestrebt wird immer eine möglichst perfekte

> **Was versteht man unter einem Spielsystem?**

Mischung aus technisch guten, kampfstarken und ideenreichen Spielern. Auch die Kombination von erfahrenen und jungen, unbekümmerten Spielern muss stimmen.

Je nach Taktik entscheidet sich der Trainer für ein bestimmtes Spielsystem, das jedem Spieler Position, Spielraum und Aufgabe zuteilt. Es wird meist in Zahlen ausgedrückt. Spielt ein Team beispielsweise mit 4 Verteidigern, 3 Mittelfeldspielern und 3 Stürmern, so spricht man von einem 4-3-3-System. Diese Aufstellung war viele Jahre lang üblich.

Im alten 4-3-3-System durften die Spieler ihre Positionen in der Regel nicht verlassen. Heute gibt es nicht nur viele unterschiedliche Systeme – zum Beispiel 4-4-2- und 3-5-2-System –, sie sind auch nicht mehr so starr wie früher. Je nach Situation müssen die Spieler auf dem Platz unterschiedliche Positionen ausfüllen. Nach wie vor gibt es aber eine taktische Grundaufstellung.

Besonders variabel ist das 4-4-2-System mit „Raute" im Mittelfeld. Dabei gibt es zwei Innenverteidiger und zwei Außenverteidiger, die beim Angriff entlang den Außenlinien nach vorn stürmen. In der „Mittelfeld-Raute" spielen auf der zentralen Achse zwei Spieler nebeneinander. Sie werden nach hinten durch einen defensiven Spieler abgesichert („Sechser"). Die wichtigste Rolle hat der offensive Spieler in der Spitze der Raute („Zehner"). Er versorgt die beiden Stürmer mit Vorlagen, nimmt manchmal aber auch selbst die Position des Mittelstürmers ein, um ein Tor zu erzielen.

Heute weit verbreitet ist das 4-2-3-1-System. Vor der Abwehr-Viererkette werden dabei zwei Mittelfeldspieler eingesetzt (so genannte „Doppelsechs"). Sie wirken in der Defensive als zusätzliche Absicherung, schalten sich aber bei Ballbesitz sofort in die Offensive ein. Die drei vorderen Mittelfeldspieler verhalten sich bei Ballbesitz wie Stürmer und bedienen den „Neuner" in der Spitze mit Vorlagen; hat der Gegner den Ball, müssen auch sie defensiv mitarbeiten. Wird die Position in der Sturmmitte von verschiedenen Spielern im Wechsel ausgefüllt, spricht man auch von einer „falschen Neun".

Die Europameister-Mannschaft von 1972 gilt als die beste deutsche Mannschaft aller Zeiten. Sie trat im 4-3-3-System an: vier Abwehrspieler, drei Mittelfeldspieler und drei Stürmer.

DAS SUPERHIRN

Pep Guardiola, seit 2013 Trainer von Bayern München, lässt meist ein 4-1-4-1-System spielen. Bei Ballbesitz wird daraus aber sofort ein 4-3-3, da die äußeren Mittelfeldspieler dann wie Außenstürmer nach vorne gehen. Guardiola sagt aber auch, dass das System „nicht das Wichtigste" sei. Es komme vielmehr darauf an, dass sich die Spieler schnell und nach Plan bewegen. Das Ziel ist, dem Gegner immer einen Schritt voraus zu sein.

Nicht immer leicht zu verstehen: Die Anweisungen von Bayern-Trainer Pep Guardiola.

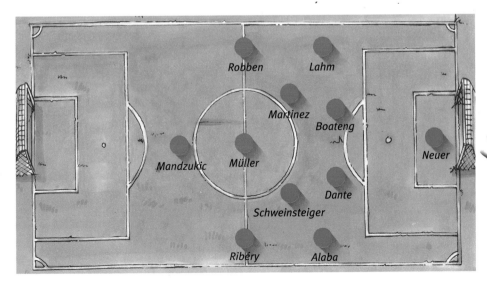

Das 4-2-3-1-System mit einer Abwehr-Viererkette, zwei defensiven Mittelfeldspielern („Doppelsechs"), drei offensiven Mittelfeldspielern und nur einem echten Stürmer ist heute weit verbreitet. So spielte z.B. auch der FC Bayern München im Champions-League-Finale am 25. Mai 2013.

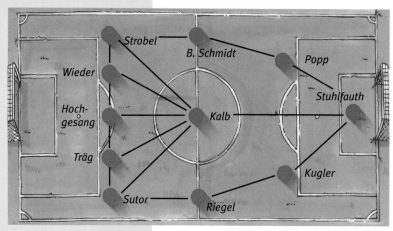

Klassisches System oder Passpyramide, 1. FC Nürnberg 1925

Herbert Chapman, Trainer von Arsenal London, erfand 1930 das WM-System, das die Passpyramide ablöste. Das durch Halbstürmer und Läufer gebildete „magische Viereck" erlaubte wesentlich mehr Kombinationsmöglichkeiten als das alte System mit Mittelläufer.

WM-System von 1930 mit Rückennummern (seit 1933)

Was sind Passpyramide und WM-System?

Bevor moderne Spielsysteme wie das „4-2-3-1" eingeführt wurden, spielte man nach anderen Grundformationen. Das älteste Spielsystem ist das klassische System, auch Passpyramide genannt, das seit den 1880er-Jahren in England üblich war. Man spielte mit 2 Verteidigern, 3 Läufern und 5 Stürmern (2-3-5-System). Zentraler Spieler war der Mittelläufer. Jahrzehntelang wurde dieses System als der Fußballweisheit letzter Schluss erachtet.

Erst nach Einführung der neuen Abseitsregel im Jahr 1925, die für mehr Bewegung im Offensivspiel und für eine wahre Torinflation in der englischen Liga sorgte, änderte sich dies. Herbert Chapman, der Trainer von Arsenal London, machte sich Gedanken darüber, wie er die Abwehr seiner Mannschaft verstärken könnte. Im Jahr 1930 nahm er einen Mittelfeldspieler in die Abwehr zurück und zog außerdem die beiden Halbstürmer aus der vordersten Linie ab. In der neuen Formation hatte man nun 3 Abwehrspieler, 2 Läufer, 2 Halbstürmer und 3 Stürmer – das WM-System war geboren. Die Formation der Offensivspieler bildet ein W, die der Defensivspieler ein M. Während das alte Pyramidensystem nur ein sehr statisches, einseitig auf den Mittelläufer zugeschnittenes Spiel erlaubte, hatte man nun mit dem neuen System eine Grundlage für flexible und variable Spielzüge geschaffen. Besonders gut konnte der Ball innerhalb des von den vier Mittelfeldspielern gebildeten „magischen Vierecks" zirkulieren.

Wo liegen die Grenzen eines Spielsystems?

Auch nach 1930 spielten noch viele Mannschaften im klassischen System mit Mittelläufer. Doch allmählich setzte sich das WM-System überall durch. Alle Aufstellungsvarianten, die seitdem erfunden wurden, sind im Grunde keine eigenen Systeme mehr, sondern Abwandlungen des WM-Systems. Das 4-2-4-System zum Beispiel, das die Brasilianer mit Pelé bei der WM 1958 praktizierten, war nicht mehr als die Zurücknahme eines Stürmers in die Verteidigung. Auch alle anderen Systeme, die heute Anwendung finden, beruhen auf Verschiebungen des WM-Systems.

Wie wichtig das System für den Erfolg einer Mannschaft ist, darüber wird allerdings bis heute gestritten. Manche Trainer, etwa der Spanier Pep Guardiola, halten es für gar nicht so entscheidend. Wichtig ist,

Im klassischen System trat der 1. FC Nürnberg in den 1920er-Jahren an. Dreh- und Angelpunkt der Mannschaft war der Mittelläufer Dr. Hans Kalb (rechts).

dass die Spieler viel laufen und im richtigen Moment die richtigen Wege gehen. Und natürlich müssen sie am Ball gut genug sein, damit das Passspiel möglichst fehlerlos funktioniert.

Entscheidend für den Erfolg einer Mannschaft ist die Fähigkeit, diszipliniert und doch überraschend zu kombinieren. In der Anfangszeit des Fußballs war in England ein primitives „Kick-and-Rush" üblich (auf Deutsch etwa „trete und eile"). Die Bälle wurden einfach nach vorne gedroschen, und die Stürmer mussten versuchen, sie irgendwie zu erreichen.

Als die schottische Nationalmannschaft die Engländer mehrmals mit überlegenem Kombinationsspiel,

> **Welche berühmten Fußballschulen gab es?**

das auf kurzen, flachen Pässen beruhte, deutlich besiegte, wurde diese „schottische Schule" für den gesamten Fußball vorbildlich. In den 1930er Jahren sind dann vor allem das „Wiener Scheiberl-Spiel" und der „Schalker Kreisel" berühmt geworden. Bei beiden Spielweisen ging es darum, den Ball möglichst lange in den eigenen Reihen zu halten. Ziel war es, mit überraschenden Kombinationen einen Stürmer in eine aussichtsreiche Torschuss-Position zu bringen. Perfektioniert wurde diese Spielweise in jüngster Zeit im rasanten und mit ständigen Positionswechseln praktizierten „Tiki-Taka" des FC Barcelona.

BRESLAU-ELF

Am 16. 5. 1937 ließ Nationaltrainer Sepp Herberger die deutsche Elf in Breslau im WM-System antreten. Diese Mannschaft, später als Breslau-Elf berühmt, schlug Dänemark mit 8:0 und blieb im gleichen Jahr noch zehnmal unbesiegt. Die Spielpositionen waren: Verteidiger (2, 3), Läufer (4, 5, 6), Halbstürmer (8, 10), Außenstürmer (7, 11), Mittelstürmer (9). Rückennummern führte die FIFA übrigens 1939 offiziell ein, in England gab es sie seit 1933, nach Erfindung des WM-Systems.

Sepp Herberger

Das österreichische „Wunderteam", angeführt von Torwart Hiden, das 1931/1932 mit seinem „Scheiberl-Spiel" in zwölf Spielen ungeschlagen blieb. Spielmacher war Matthias Sindelar (rechts, direkt über Trainer Willy Meisl). Über ihn wurde einmal geschrieben: „Er spielte Fußball, wie ein Meister Schach spielt: mit weiter gedanklicher Konzeption, Züge und Gegenzüge vorausberechnend, ein Fallensteller und Überrumpler ohnegleichen ..."

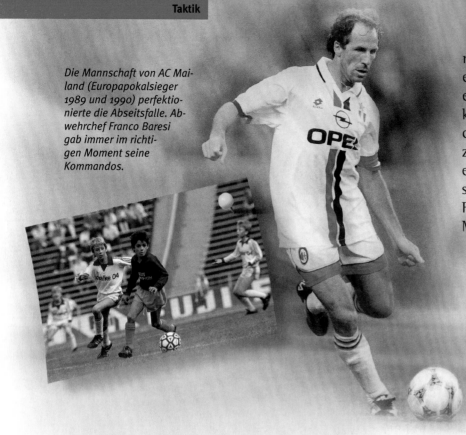

Die Mannschaft von AC Mailand (Europapokalsieger 1989 und 1990) perfektionierte die Abseitsfalle. Abwehrchef Franco Baresi gab immer im richtigen Moment seine Kommandos.

Als Verkörperung des Catenaccio gilt der ehemalige Kapitän von Inter Mailand, Giacinto Facchetti. Als linker Verteidiger fing er die Bälle ab und startete beim Konterangriff an der Seitenlinie zu seinen gefürchteten Sturmläufen. Hier tauscht er nach dem „WM-Krimi" von 1970 sein Trikot mit dem deutschen Stürmer Gerd Müller (links).

Das Defensivspiel folgt dem Trainermotto von Herbert Chapman: „Wenn es uns gelingt, ein Tor zu verhindern, haben wir einen Punkt gewonnen. Schießen wir aber zudem noch ein Tor, dann haben wir beide Punkte."

Wie organisiert man die Defensive?

Beim defensiven Spiel denkt die Mannschaft in erster Linie an die Verteidigung und ist vor allem darauf aus, Tore des Gegners zu verhindern. Die Verteidiger decken die gegnerischen Stürmer konzentriert, manchmal sogar doppelt, und sind bemüht, ein Kombinationsspiel bereits im Keim zu ersticken. Kommen sie in Ballbesitz, versuchen sie, das Leder in den eigenen Reihen zu halten, um dadurch den Gegner zu ermüden.

Ein wichtiges Mittel der Defensivtaktik ist die Abseitsfalle. Sie funktioniert dann am besten, wenn die Abwehr nicht, wie beim alten System mit Libero und Vorstopper, hintereinander gestaffelt ist, sondern auf einer Linie spielt (Dreier- oder Viererkette). Auf ein Zeichen des Abwehrchefs laufen alle Verteidiger so weit zur Mittellinie hin, dass mindestens ein Gegner plötzlich im Abseits steht. Durch den nun folgenden Freistoß gelangt die verteidigende Mannschaft in Ballbesitz und hat damit die Möglichkeit, einen eigenen Angriff einzuleiten. Das Risiko dieser Taktik: Dribbelstarke Stürmer können zu einem Alleingang ansetzen und haben dann freie Bahn zum Tor.

Ein anderes Mittel, einen offensiv eingestellten Gegner zu zermürben, ist der Konter. Nach einem abgewehrten Angriff führt man einen blitzschnellen Gegenangriff aus, um so die aufgerückte Abwehr des Gegners zu überlaufen. Trumpf des Konters ist das Tempo: rasche Kombinationen über nur wenige Stationen, genaue Steilpässe und im Sprint vorgetragene Dribblings. Gelingt nach einem solchen Konter ein Tor, wird der Gegner anschließend noch wütender angreifen. Vernachlässigt die offensive Mannschaft dabei die Absicherung in der Defensive, erhöht das die Erfolgschance weiterer Konter.

Die berüchtigste Defensivtaktik war der italienische Catenaccio, in den die Konterattacke als Angriffselement integriert war. Besonders Inter Mailand mit seinem argentinischen Trainer Helenio Herrera errang mit dieser Taktik in den 1960er-Jahren große Erfolge (Europapokal der Landesmeister 1964, 1965). Beim Catenaccio bestand die Verteidigung aus einem Bollwerk von fünf Abwehrspielern, unterstützt von drei defensiven Mittelfeldspielern.

Vor dem Spiel legt der Trainer

**Was unter-
scheidet
Mann- und
Raumdeckung?**

fest, ob mit Mann- oder Raumdeckung gespielt wird. Bei der Manndeckung bewacht der Verteidiger seinen Gegenspieler hautnah über die gesamte Spieldauer. Vor allem auf den Spielmacher des Gegners wird oft ein eigener Manndecker angesetzt, der nur die Aufgabe hat, dessen Aktionen zu vereiteln.

Bei der Raumdeckung wird jedem Abwehrspieler ein bestimmter Raum zugeteilt, den er verteidigen muss. Der Gegner wird erst angegriffen, wenn er versucht, in diesen Raum einzudringen. Verlässt er ihn, wird die Bewachung an den Verteidiger des benachbarten Raumes übergeben.

Beide Deckungsarten haben ihre Risiken. Bei sturer Manndeckung kann ein Stürmer, der seine Position verlässt, den Verteidiger mitziehen, zum Beispiel von der rechten auf die linke Seite des Feldes, und so die Abwehr in Unordnung bringen. Ein

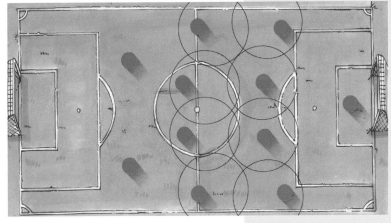

Bei der Raumdeckung bewacht jeder Abwehrspieler einen bestimmten Bereich des Feldes.

großes Problem der Raumdeckung ist oft die rechtzeitige Übernahme des Gegenspielers. Hält er sich an der Grenze zweier Räume auf, fühlt sich manchmal kein Abwehrspieler zuständig; er bleibt ungedeckt und kann frei den Ball annehmen.

Die meisten Mannschaften wenden eine kombinierte Mann-/Raumdeckung an. Dabei werden die Deckungsspieler zwar vor dem Spiel bestimmten Gegnern zugeteilt, doch während des Spiels werden die Gegner, wenn es sich aus der Situation heraus als günstiger erweist, auch öfters an einen anderen Abwehrspieler übergeben.

Spielerpärchen in Erwartung des Balls: Szene nach einem Eckball in einem Bundesligaspiel zwischen 1899 Hoffenheim gegen Hannover 96.

Meisterschaften werden meist in der Defensive entschieden. So hatten die Bayern in der Saison 2010/11 ein Torverhältnis von 81:40, Meister wurde jedoch Borussia Dortmund mit 67:22 Toren. Das Erfolgsgeheimnis der Dortmunder bestand aber nicht nur aus der überragenden Defensive. Sie beherrschten ihre Gegner mit großer Laufstärke und kamen über blitzschnelle Konter zu ihren Toren.

Der Dortmunder Trainer Jürgen Klopp predigt seinen Spielern das schnelle Umschalten von Abwehr auf Angriff. Das erfolgreiche Tempospiel der Dortmunder nahmen sich auch andere Teams zum Vorbild.

Real Madrid hatte 2011/12 häufig Grund zum Jubeln. Das Team stellte mit 121 Treffern in 38 Spielen in Spanien einen Torrekord auf.

KONTROLLIERTE OFFENSIVE

Der von Otto Rehhagel geprägte Begriff „kontrollierte Offensive" bedeutet, beim Angriff auch die Abwehr nicht zu vernachlässigen. Rehhagel gewann mit Bremen je zweimal den Meister- und Pokalsiegertitel sowie 1992 den Europacup der Pokalsieger. 1997/1998 schaffte er mit Kaiserslautern den Durchmarsch von der 2. Liga zum Deutschen Meister. 2004 gewann er den Europameistertitel mit Griechenland.

Der 17-jährige Wunderstürmer Pelé (links) bei seinem ersten Triumph, der Weltmeisterschaft 1958 in Schweden

„Hinten zu null spielen und vorne hilft der liebe Gott!", so lautet eine alte Fußballerweisheit. Hier beten Brasilianer beim Endspiel der WM 1970.

Um ein Spiel zu gewinnen, genügt es nicht, den Gegner vom Toreschießen abzuhalten – man muss sich auch selbst Torchancen erkämpfen. Deshalb überlegt sich jede Mannschaft auch Taktiken für die Offensive. Der Trainer muss sich vor dem Spiel entscheiden, ob er mit zwei oder mit drei Stürmern spielen lässt oder ob er die Außenbahn mit schnellen Leuten besetzt, die aus dem Mittelfeld nach vorn kommen.

> **Wie organisiert man die Offensive?**

Wichtig ist auch, dass eine Mannschaft bei Ballbesitz planmäßig vorgeht. So hatte zum Beispiel der Hamburger SV Anfang der 1980er-Jahre damit Erfolg, dass der Offensivverteidiger Manfred Kaltz regelmäßig beim Angriff nach vorn preschte und gefährlich angeschnittene „Bananenflanken" in den Strafraum des Gegners zirkelte.

Nach Sepp Herberger geht es beim Fußballspiel vor allem darum, „dass man dort, wo die Entscheidung fällt, jeweils zahlenmäßig stärker ist als der Gegner." Die Grundtaktik besteht darin, im Mittelfeld mit gewonnenen Dribblings eine Überzahl zu schaffen oder aber mit ständigem Freilaufen und kurzen Pässen einen Mannschaftskollegen freizuspielen. Man kann aber auch versuchen, mit dem Spiel über die Flügel den Gegner vom Tor wegzulocken, um dort Raum für nachrückende Mitspieler zu schaffen. Setzt der Gegner die Abseitsfalle ein, so muss der ballführende Spieler im richtigen Moment die Lücke erkennen und eventuell mit einem Sprint oder einem Dribbling versuchen, die Abwehr zu durchbrechen.

Voraussetzung dafür, dass man „sein" Spiel spielen und dem Gegner aufzwingen kann, ist der Ballbesitz. „Wenn ich den Ball habe", hat die englische Fußball-Legende Stanley Matthews einmal bemerkt, „dann mache ich

> **Warum muss man „sein" Spiel spielen?**

das Spiel; ich weiß, was ich tun werde, meine Gegner müssen raten." Grundsätzlich ist es zwar weitaus schwieriger, ein Spiel konstruktiv aufzubauen, statt es nur zu zerstören, aber der Vorteil liegt darin, dass man dem Gegner immer einen Schritt voraus ist.

Gute Mannschaften lassen den Ball laufen, und der Gegner rennt hilflos hinterher. Der Meistertrainer Hennes Weisweiler (drei Titel mit Mönchengladbach, einer mit Köln): „Wenn alle Angreifer in gedanklicher Zusammenarbeit dauernd unterwegs sind, den freien Raum suchen, ihre Positionen wechseln, sich anbieten oder auch wegbleiben, dann hat selbst die aufmerksamste Abwehr nur wenig Gegenmittel, einzugreifen und zu stören."

Ist der Gegner in Ballbesitz, so ist das Pressing (von englisch „to press", bedrängen) eine wirkungsvolle Variante passiven Spiels. Stürmer und Mittelfeldspieler versuchen, sich ballorientiert zu verschieben und die am Ball befindlichen Gegenspieler gleich zu mehreren zu attackieren, um den Gegner möglichst frühzeitig beim Spielaufbau zu stören. Beabsichtigt ist, den Gegner bereits in seiner eigenen Hälfte so unter Druck zu setzen, dass er Fehler begeht, aus denen sich wiederum Chancen für einen Angriff der eigenen Mannschaft ergeben.

1981/1982 brachte der Österreicher Ernst Happel den Hamburgern das Pressing bei – und prompt wurden sie mit 95 Treffern Meister. In neuester Zeit praktiziert vor allem Borussia Dortmund das Gegenpressing sehr erfolgreich. Damit ist gemeint, dass man den im Zuge eines Anfgriffs verlorenen Ball sofort wiedererobern soll, also möglichst nahe beim Tor des Gegners. Manche Trainer stellen dabei eine „10-Sekunden Regel" auf. Das heißt: Wenn man den Ball nicht innerhalb von 10 Sekunden zurückerobert hat, sollen sich die Spieler wieder in ihre Defensivpositionen zurückfallen lassen. Dort können sie sich dann wieder am organisierten Pressing beteiligen.

Was bedeutet „Pressing" und „Gegenpressing"?

TOTALER FUSSBALL

In den 1970er-Jahren prägte die niederländische Nationalmannschaft den Begriff „totaler Fußball", um die offensive Grundhaltung einer modernen Mannschaft zu bezeichnen. Auch die Defensivspieler rückten dabei auf Angriffspositionen vor, sodass in der Offensive ein Höchstmaß an Flexibilität erreicht wurde. „Chef" des attraktiven Offensivspiels der Niederländer war Johan Cruyff (oben im Bild), Europapokalgewinner mit Ajax Amsterdam 1971 bis 1973 und mehrfach Europas Fußballer des Jahres.

Gegenpressing: Die Dortmunder Sahin und Reus (rechts) versuchen, Bayerns Lahm am Spielaufbau zu hindern.

Den entscheidenden Elfmeter im Endspiel der WM 1990 verwandelte Andreas Brehme. Lothar Matthäus wollte nicht antreten, weil er sich unsicher fühlte (er trug neue Schuhe).

STRAFSTOSS

Auch der Strafstoß, bei dem der Ball auf die Elfmetermarke gelegt wird, ist eine Standardsituation. Im Training treffen alle Spieler wie im Schlaf ins Tor, in wichtigen Spielen sind Elfmeter reine Nervensache.

Kunstschütze David Beckham: Oft bereitete er per Eckball Tore seines Teams vor. Im Finale der Champions League 1999 leitete er beide Treffer zum 2:1-Erfolg von Manchester United gegen den FC Bayern München ein.

> **Was sind Standardsituationen?**

Wenn der Ball im Aus landet oder der Schiedsrichter das Spiel wegen eines Fouls unterbricht, gibt es entweder Einwurf, Freistoß oder Eckstoß. Man nennt diese Situationen Standardsituationen, weil sie in einem Spiel immer wieder vorkommen. Es ist sehr wichtig, vor allem Eckstöße und Freistöße in der Nähe des gegnerischen Tores optimal auszunutzen, denn sie bieten die Chance, den Ball ungehindert gefährlich vor das Tor zu spielen. Deshalb werden im Training verschiedene Varianten von Eck- und Freistößen geübt.

Viele Mannschaften haben Spezialisten für diese „ruhenden Bälle". Spieler wie einst Mario Basler oder David Beckham sind berühmt dafür, dass sie den Ball von der Ecke aus so anschneiden können, dass er sogar direkt im Tor landet. Auch bei direkt geschossenen Freistößen sind oft Effektkünstler am Werk. Früher bewunderte man Thomas Häßler, weil er den Ball in kaum glaublicher Flugbahn um eine Spielermauer herumlenken konnte; heute zittern die Torhüter vor den Schüssen von Cristiano Ronaldo (Real Madrid).

> **Wie trainiert man Eckstöße?**

Eckstöße werden meist hoch in den Strafraum geflankt, damit sie dort von kopfballstarken Spielern verwandelt werden können. Dabei kann man vorher verabreden, ob der Ball auf den näheren, den kurzen Pfosten getreten wird oder auf den weiter entfernten, den langen Pfosten.

Aus der Sicht des Stürmers betrachtet, werden normalerweise die Ecken von links mit dem rechten, die von rechts mit dem linken Fuß geschossen. Der mit dem Innenrist getretene Ball dreht sich dann im Bogen auf den Torwart zu. Eine Möglichkeit, den Torwart und die gegnerische Abwehr zu verwirren, besteht darin, dass ein Linksfüßer von links und ein Rechtsfüßer von rechts schießt. Dann dreht sich der Ball vom Torwart weg und ist so für die Abwehr schwerer zu berechnen. Eine weitere Möglichkeit, den Gegner zu irritieren, ist die Verlängerung des Eckstoßes. Der Ball wird auf den kurzen Pfosten gespielt und dort von einem Mitspieler per Kopf zu einem weiteren Mitspieler verlängert. Der kann nun den Ball aufs Tor köpfen oder schießen, während die Abwehr noch ganz verdutzt ist.

Freistöße werden im Training oft geübt. Ziel ist dabei, die vor dem gegnerischen Tor postierte Mauer zu überwinden.

Welche Tricks werden bei Freistößen angewandt?

Der Abstand der Mauer zum Ball beträgt immer 9,15 Meter. Bei einem Freistoß aus guter Position bietet sich ein direkter Schuss an. Entweder wagt der Schütze einen Effetschuss um die Mauer herum, oder aber er zielt durch das Loch in der Mauer, das ihm ein Spieler der eigenen Mannschaft freigesperrt hat.

In einer anderen Variante hebt der Freistoßschütze den Ball gefühlvoll über die Mauer. Ein Mitspieler „schleicht" sich in den Rücken der Mauer, nimmt den Ball an und zieht aus nächster Nähe ab. Oft zu sehen ist auch, dass ein Spieler einen Schuss nur antäuscht oder über den Ball hinwegläuft. Dies verwirrt die Abwehr des Gegners, sodass der eigentliche Schütze eine entstehende Lücke mit einem strammen Schuss nutzen kann.

Wenn man allerdings einen Ruf als gefährlicher Freistoßschütze hat, sind solche Tricks manchmal gar nicht nötig. Der Mönchengladbacher Günter Netzer war wegen seiner gezirkelten Schüsse so gefürchtet, dass der Torwart von EPA Larnax (Zypern) in einem Europapokalspiel des Jahres 1970 die Mauer neben den Torpfosten dirigierte. In dieser ungewöhnlichen Situation brachte es der Kunstschütze Netzer ausnahmsweise mal über sich, den Ball schnurgerade ins Tor zu hämmern.

Günther Netzer war als Spieler für Mönchengladbach, Real Madrid und die deutsche Nationalmannschaft für seine trickreichen Freistöße gefürchtet.

Freistoß von Cristiano Ronaldo (Real Madrid) im Champions-League-Spiel gegen Borussia Dortmund am 24. April 2013.

Freistoßtricks

Der Freistoßschütze lupft den Ball über die Mauer auf einen Mitspieler, der im richtigen Moment in den freien Raum hinter der Mauer gesprintet ist.

Ein Spieler der angreifenden Mannschaft stellt sich in die Abwehrmauer des Gegners. Der Freistoßschütze schießt direkt auf den Mitspieler, der sich im letzten Moment duckt. Der Ball fliegt durch die Lücke aufs Tor.

Deutsche Meisterschaften und Pokale

DFB

Der Deutsche Fußballbund, abgekürzt DFB, wurde am 28. Januar 1900 gegründet. Heute sind beim DFB über 6,8 Millionen Mitglieder in fast 26 000 Vereinen gemeldet, davon rund eine Million Frauen und Mädchen. Etwa 170 000 Mannschaften (Männer, Frauen und Jugendliche) jagen dem runden Leder hinterher. Der DFB regelt alle Liga- und Pokalwettbewerbe in Deutschland und ist auch für die Belange der Nationalmannschaft zuständig.

Die Bayern feierten 2013 ihren 23. Meistertitel. Mit dabei auch Nationaltorwart Manuel Neuer, der 2011 noch mit Schalke 04 im Pokal erfolgreich war.

Was sind Liga- und K.o.-System?

Fußballwettbewerbe können nach zwei verschiedenen Systemen ausgetragen werden: nach dem Liga- und dem K.o.-System. Im Ligasystem kämpfen mehrere Fußballvereine um Tore und Punkte. Im Verlauf eines Spieljahres (Saison) treffen alle Mannschaften zweimal aufeinander. Ein Spiel wird auf dem eigenen Platz ausgetragen (Heimspiel), ein Spiel findet auf dem Platz des Gegners statt (Auswärtsspiel). Die Ergebnisse der einzelnen Spiele (Punkte und Tore) werden in einer Tabelle zusammengezählt. Wer am Ende einer Saison die meisten Punkte errungen hat und den ersten Platz belegt, ist Ligameister. Stehen am Ende einer Saison zwei Vereine punktgleich an der Spitze, wird derjenige Meister, der das bessere Torverhältnis hat.

Bis 1995 wurden für einen Sieg zwei Punkte gutgeschrieben, für ein Unentschieden erhielt jeder Verein einen Punkt. Seit der Saison 1995/1996 gilt die Drei-Punkte-Regel. Für einen Sieg werden nun drei Punkte gutgeschrieben, für ein Unentschieden gibt es weiterhin einen Punkt.

Pokalwettbewerbe werden dagegen im sogenannten K.o.-System ausgetragen. Zu Beginn wird ausgelost, welche Vereine gegeneinander antreten. Der Verlierer des Spiels scheidet aus. Manchmal gibt es auch zwei Spiele, man spricht dann von Hin- und Rückspiel. Das Teilnehmerfeld wird Runde um Runde halbiert. Schließlich bleiben zwei Mannschaften übrig, die im Endspiel den Pokalsieger ermitteln. Das Endspiel wird oft auch als Finale bezeichnet, sodass man bei den vorherigen Runden dementsprechend von Halb-, Viertel- und Achtelfinale spricht.

Wie ist der deutsche Vereinsfußball organisiert?

In Deutschland wird der Vereinsfußball vom Deutschen Fußballbund (DFB) organisiert. Von 1903 bis 1963 wurde die Deutsche Meisterschaft in einer Mischung aus Liga- und Pokalsystem ausgetragen. Es gab viele Ligen, deren Erstplatzierte dann in einer Endrunde um die Deutsche Meisterschaft spielten. Eine 1. Bundesliga, in der die besten Mannschaften von ganz Deutschland zusammengefasst sind, gibt es erst seit 1963.

Heute ist das Ligasystem für die knapp 26 000 Vereine wie

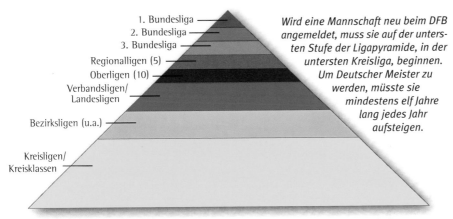

1. Bundesliga
2. Bundesliga
3. Bundesliga
Regionalligen (5)
Oberligen (10)
Verbandsligen/
Landesligen

Bezirksligen (u.a.)

Kreisligen/
Kreisklassen

Wird eine Mannschaft neu beim DFB angemeldet, muss sie auf der untersten Stufe der Ligapyramide, in der untersten Kreisliga, beginnen. Um Deutscher Meister zu werden, müsste sie mindestens elf Jahre lang jedes Jahr aufsteigen.

Der deutsche Vereinsfußball ist wie eine Pyramide organisiert: unten die Freizeitspieler (Amateure), oben die Profis.

DFB-Pokal

Meisterschale

Jubel bei Schalke 04, dem deutschen Pokalsieger von 2011.

eine Pyramide aufgebaut. Ganz oben an der Spitze stehen die Profiligen: Um die Deutsche Meisterschaft spielen die 18 Vereine der 1. Bundesliga, es folgt die 2. Bundesliga mit ebenfalls 18 Vereinen und seit der Saison 2008/2009 die 3. Bundesliga mit 20 Vereinen. Die alte Regel, dass die drei Letzten der oberen Liga absteigen und die drei Ersten der unteren Liga aufsteigen, gilt seit 2008/09 nicht mehr. Seitdem gibt es nur noch zwei direkte Auf- bzw. Absteiger. Der Drittletzte der oberen und der Dritte der unteren Liga ermitteln in zwei so genannten Relegationsspielen die dritte Mannschaft, die in der nächsten Saison höherklassig sein wird.

Die höchste Stufe unterhalb des Profifußballs bilden die fünf Regionalligen (Nord, Nordost, West, Südwest und Bayern). Kandidaten für den Aufstieg in die Regionalligen sind die Meister der zehn Oberligen. Es folgen die Verbands- und Landesligen und schließlich die Bezirksligen. Die letzte Ebene bilden die Kreisligen, die nochmals gestuft sind.

Neben dem Meisterwettbewerb gibt es in Deutschland seit 1935 den Vereinspokal (DFB-Pokal), an dem alle deutschen Vereinsmannschaften teilnehmen dürfen. Bei der Auslosung der ersten Hauptrunde mit 64 Mannschaften kommen zunächst die 18 Erstligisten und 14 Zweitligisten in einen Topf. Den zweiten Topf bilden die vier schlechtesten Zweitligisten, die vier besten Drittligisten sowie 24 Vereine, die sich zuvor vor allem in den Pokalrunden für Amateure qualifiziert haben.

Die zuerst gezogene Mannschaft hat Heimrecht. Amateurvereine behalten es auch im weiteren Verlauf des Wettbewerbs. Endet ein Spiel nach der Verlängerung unentschieden, wird der Sieger durch Elfmeterschießen ermittelt. Das Endspiel findet seit 1985 immer im Berliner Olympiastadion statt.

DFL

Im Jahr 2000 wurden die Vereine der Profiligen aus dem DFB ausgegliedert. Nicht mehr der DFB, sondern die DFL („Deutsche Fußball-Liga") ist heute für den Spielbetrieb und die Vermarktung des Profifußballs zuständig. Ganz selbstständig ist die DFL aber nicht. In einem Vertrag ist geregelt, dass die Profivereine am DFB-Pokal teilnehmen und Spieler für die Nationalelf abstellen müssen.

Eine Hauptaufgabe der DFL ist der Verkauf der Bundesliga-Fernsehrechte an „Free-TV" (etwa ARD) und „Pay-TV" (etwa Sky). 2012/13 erhielten die Vereine der 1. und 2. Bundesliga für die Übertragungsrechte insgesamt 560 Millionen Euro.

Heiner Stuhlfauth, der berühmte Torwart des 1. FC Nürnberg, sorgte dafür, dass der Club in fünf Endspielen zwischen 1920 und 1927 keinen einzigen Treffer kassieren musste. Seine Spezialität war die Fußabwehr weit vor dem eigenen Tor nach dem Motto: „Ein guter Torwart wirft sich nicht."

Die Viktoria war der erste Wanderpokal, der für den Deutschen Meister vergeben wurde.

Wer war der erste Deutsche Meister?

Im Jahr 1903 wurde zum ersten Mal eine Deutsche Meisterschaft ausgetragen. Den Titel errang der 1896 gegründete VfB Leipzig. Damals war es noch viel einfacher, Meister zu werden. Im Jahr 1900 gehörten dem DFB gerade mal 68 Vereine an, und die Spielstärke war lange noch nicht so unterschiedlich wie heute zwischen einem Verein der 1. Bundesliga und einem Verein der Kreisklasse. So war es möglich, dass der VfB Leipzig, der mit nur zwei Siegen Meister des „Verbandes Mitteldeutscher Ballspielvereine" geworden war, sich damit bereits für die Endrunde um die Deutsche Meisterschaft qualifiziert hatte. Dort besiegte er Britannia Berlin mit 3:1, den Altonaer FC mit 6:3 und schließlich im Endspiel den Deutschen Fußballclub Prag mit 7:2. Nur fünf Siege benötigten die Leipziger, um Meister zu werden!

Der VfB blieb auch in den nächsten Jahren eine der beherrschenden Mannschaften. Noch fünfmal gelangten die Leipziger ins Endspiel, zweimal gewannen sie. Beim letzten Finale vor dem Ersten Weltkrieg standen sie am 31. Mai 1914 in Magdeburg der SpVgg Fürth gegenüber.

Die vom englischen Trainer William Townley trainierten Fürther waren technisch und taktisch besser, doch der VfB hielt mit Kampfkraft dagegen. Nach 90 Minuten war der Spielstand 1:1. Es gab Verlängerung (2 x 15 Minuten). Danach stand es 2:2. Wie damals üblich, wurde das Spiel im 10-Minuten-Rhythmus weiter verlängert. Die Kräfte der Spieler erlahmten mehr und mehr. Selbst die Leipziger waren froh, als dem Fürther Franz in der 153. Minute ein Treffer gelang und das Spiel damit endlich entschieden war.

Wo war die erste „Fußballhochburg"?

Während des Ersten Weltkriegs wurde die Deutsche Meisterschaft ausgesetzt. 1920, im ersten Endspiel nach dem Krieg, standen die Fürther in Frankfurt ihrem fränkischen Nachbarn, dem 1. FC Nürnberg, gegenüber.

Die Mannschaft der SpVgg Fürth im Jahr 1904. Damals kassierte man noch zweistellige Niederlagen gegen den 1. FC Nürnberg. Nur zehn Jahre später waren die Fürther Meister.

35 000 Zuschauer sahen einen verdienten 2:0-Sieg des 1. FCN. Im Jahr darauf konnte Nürnberg seinen Erfolg wiederholen und war damit der erste Verein, der seinen Titel verteidigen konnte. Und damit nicht genug: Von Juli 1918 bis Februar 1922 blieben die Nürnberger in 104 Spielen ungeschlagen (Torverhältnis: 480:47). Voller Ehrfurcht nannte man den 1. FCN seitdem schlicht und einfach „den Club".

Bis 1927 errang der Club noch drei weitere Meisterschaften. Aber auch die Nachbarn aus Fürth blieben stark und gewannen weitere Titel. Beide Vereine wurden für ihr Kombinationsspiel, den sogenannten „fränkischen Flachpass", gerühmt. Sie waren so überlegen, dass man in ganz Deutschland voller Ehrfurcht von der „Fußball-Hochburg" Nürnberg/Fürth sprach. Einigermaßen mithalten konnten da nur noch der zweifache Meister Hamburger SV und Hertha BSC Berlin. Die Berliner hatten viel Pech: Viermal nacheinander, von 1926 bis 1929, verloren sie im Finale. Erst 1930 und 1931 wurden sie endlich Deutscher Meister.

Verwundbar waren die Nürnberger in den 1920er-Jahren nur dann, wenn ihr Spielmacher, der „Riese" Hans Kalb, einmal fehlte. Ein geflügeltes Wort lautete: „Der Club ohne Kalb – halb." 1922 hatte sich Kalb ein Bein gebrochen und konnte an den Endspielen gegen den Hamburger SV nicht teilnehmen. Und tatsächlich: Diesmal konnte der Club nicht gewinnen. Das Finale in Berlin, das nach 90 Minuten 2:2 stand, wurde nach mehreren Verlängerungen in der 190. Minute ohne weitere Tore abgebrochen. Auch das Wiederholungsspiel in Leipzig (1:1) musste in die Verlängerung und wurde unentschieden abgebrochen, als Nürnberg nach Platzverweisen und Verletzungen nur noch sieben Spieler auf dem Feld hatte. So kam es, dass das Jahr 1922 als „Jahr ohne Meister" in die Fußballgeschichte einging.

Szene aus dem Endspiel von 1927 zwischen Hertha BSC und dem 1. FC Nürnberg im Berliner Grunewaldstadion. Nürnberg gewann 2:0. Rechts in Aktion Herthas Torwart Götze, links Clubstürmer Schorsch Hochgesang.

„Bimbo" Binder, Stürmer von Rapid Wien, schoss am 22. Juni 1941 im Endspiel gegen Schalke 04 drei Tore.

Die Stars des „Schalker Kreisels": Ernst Kuzorra (rechts) und Fritz Szepan

In den 1930er-Jahren verlagerte sich das Zentrum des Fußballs von Süd- nach Westdeutschland.

> **Wodurch wurde Schalke 04 berühmt?**

Zwischen 1933 und 1942 stand der FC Schalke 04 nur einmal nicht im Endspiel, sechsmal ging der Meistertitel in den Vorort von Gelsenkirchen. Der Ruhm des FC Schalke, der im Jahr 1904 von einigen 14-jährigen Jungen gegründet worden war, beruht jedoch nicht allein auf diesen Erfolgen. Schalke 04 war die erste Arbeitermannschaft in Deutschland, die Erfolg hatte. Die meisten Spieler waren Kinder polnischer Einwanderer, die in den Kohlegruben des Ruhrgebiets als Bergleute (Knappen) arbeiteten.

Die Elf im königsblauen Trikot perfektionierte das Kombinationsspiel zum berühmten „Schalker Kreisel": Mit kurzen, flachen Pässen wurde der Ball immer wieder zum besser postierten Mitspieler gespielt, bis man sich endlich gefährlich nah ans Tor des Gegners vorgearbeitet hatte und einen Torschuss versuchen konnte. Die Treffer zum ersten Schalker Triumph, dem 2:1 im Endspiel gegen den Club im Jahr 1934, erzielten Fritz Szepan und Ernst Kuzorra.

Schalke 04 war auch im Wettbewerb um den deutschen Vereinspokal erfolgreich, der im Jahr 1935 zum ersten Mal ausgetragen wurde. Im Endspiel 1935 verloren die Schalker zwar noch mit 0:2 gegen den Club, 1937 aber schlugen sie die Nürnberger mit 2:0. Damit war Schalke der erste Verein, der das sogenannte Double gewinnen konnte, also Meisterschaft und Pokalsieg in einer Saison errang.

> **Wann wurde Rapid Wien Deutscher Meister?**

Im Jahr 1933 hatten in Deutschland die Nationalsozialisten die Herrschaft ergriffen. 1938 wurde Österreich zum „Anschluss" gezwungen und als „Ostmark" dem Deutschen Reich eingegliedert. Im sogenannten Großdeutschland spielten nun auch die starken Mannschaften aus Wien um Meisterschaften und Pokale mit. Erfolgreich waren die Österreicher zunächst im „Tschammer-Pokal", dem Vorläufer des DFB-Pokals (benannt nach dem damaligen Reichssportführer Hans von Tschammer und Osten). 1938 holte sich Rapid Wien mit einem 3:1-Sieg über den FSV Frankfurt den Titel.

1939 gelangte Admira Wien in das Endspiel um die Deutsche Meisterschaft, ging dort allerdings sang- und klanglos mit 0:9 gegen Schalke

unter. Zwei Jahre später hieß das Finale Rapid Wien gegen Schalke 04. Rapid lag in der 60. Minute mit 0:3 zurück, das Spiel schien bereits entschieden. Doch dann drehten die Wiener auf und schossen innerhalb von sechs Minuten vier Tore: Endstand 4:3 für Rapid! Allein drei Treffer gingen auf das Konto von Franz „Bimbo" Binder, dem besten Torjäger jener Zeit.

Volkssport Fußball

Für die Zeit der bundesdeutschen Oberliga von 1948 bis 1963 waren spannende Derbys zwischen Nachbarvereinen wie dem Hamburger SV und dem FC St. Pauli oder Eintracht Frankfurt und den Offenbacher Kickers typisch. Dieses Titelblatt eines Sammelbilderalbums aus dem Jahr 1951 zeigt eine Szene aus einem Derby der Oberliga West (Borussia Dortmund gegen Rot-Weiß Oberhausen).

Was geschah nach dem Zweiten Weltkrieg?

Seit dem Beginn des Zweiten Weltkriegs im Jahr 1939 wurde die Durchführung von Fußballspielen immer schwieriger. Dennoch rollte der Ball weiter – bis zum 18. Juni 1944. An diesem Tag fand vor 70 000 Zuschauern im Berliner Olympiastadion, trotz der Bedrohung durch Bombenangriffe der Alliierten, das letzte Finale während des Krieges statt. Titelverteidiger Dresden, in dessen Reihen der spätere Bundestrainer Helmut Schön spielte, gewann gegen eine Soldatenmannschaft, den Luftwaffensportverein Hamburg, mit 4:0.

Nach Kriegsende im Mai 1945 wurde Deutschland in einen Westteil (die Bundesrepublik Deutschland, BRD) und einen Ostteil (die Deutsche Demokratische Republik, DDR) aufgeteilt. Während es in der DDR später nur eine Oberliga gab, in der ein DDR-Meister ermittelt wurde, bildete man in der BRD fünf Oberligen (Nord, West, Südwest, Süd und Westberlin). Zur Saison 1947/1948 qualifizierten sich die 16 besten Mannschaften für die Endrunde, die im K.o.-System ausgetragen wurde. Zum ersten Nachkriegsfinale um den Meistertitel kam es am 8. August 1948 in Köln. Der 1. FC Nürnberg schlug den 1. FC Kaiserslautern mit 2:1.

Der berühmteste und beliebteste Spieler in der Übergangszeit von der Oberliga zur Bundesliga war „Uns Uwe" Seeler vom Hamburger SV. Von 1953 bis 1972 schoss der Torjäger in 916 Spielen für Hamburg 772 Tore.

DIE TRIKOTWERBUNG

wurde eingeführt, um die Gehälter der Bundesligaprofis zu finanzieren. Der erste Verein, auf dessen Trikots Werbung prangte, war Eintracht Braunschweig. Seit 1973 zierte der Hirsch, das Zeichen der Firma Jägermeister, die Brust der Spieler. Der Plan, den Verein in „Jägermeister Braunschweig" umzuändern, scheiterte am Verbot des DFB. In Österreich war es anders: Da trat zum Beispiel der Traditionsklub Vienna Wien seit den 1980er-Jahren unter den unterschiedlichsten Namen an: Eismann Vienna, First Vienna FC McDonald's und FC Honda Havelka Vienna.

Noch ohne Trikotwerbung: Wolfgang Overath, der 1964 mit dem 1. FC Köln die erste Meisterschaft in der Bundesliga gewann. Heute kassiert der FC Bayern von der Deutschen Telekom bis zu 30 Millionen Euro jährlich für die Trikotwerbung. Es folgen Wolfsburg (VW) mit 20 Millionen und Schalke 04 (Gazprom) mit 16 Millionen.

Wie entstand die Bundesliga?

Seit den 1950er-Jahren wurde die Endrunde der Deutschen Meisterschaft in zwei Gruppen zu je vier Vereinen ausgetragen, deren Sieger für das Endspiel qualifiziert waren. Bis zur Einführung der Bundesliga 1963 wurde Borussia Dortmund dreimal Meister, dem 1. FC Kaiserslautern, dem 1. FC Nürnberg und dem VfB Stuttgart gelang der Triumph je zweimal. Außerdem konnten sich weitere sieben Klubs in die Meisterliste eintragen.

Im Jahr 1962 beschloss der DFB, die stärksten Vereine in einer 1. Liga zu konzentrieren. Dadurch wollte man international konkurrenzfähig bleiben und vermeiden, dass Spitzenspieler in ausländische Profiligen abwanderten. Um die Aufnahme in die Bundesliga bewarben sich 46 Vereine aus den bisherigen Oberligen. Beim Anpfiff der ersten Bundesligasaison 1963/1964 waren schließlich dabei: 1. FC Nürnberg, TSV 1860 München, Eintracht Frankfurt, Karlsruher SC, VfB Stuttgart, 1. FC Köln, MSV Duisburg, Borussia Dortmund, Schalke 04, Preußen Münster, Hamburger SV, Werder Bremen, Eintracht Braunschweig, 1. FC Kaiserslautern, 1. FC Saarbrücken und Hertha BSC Berlin.

Wie viel verdienen die Bundesligaprofis?

Mit der Einführung der Bundesliga wurde auch die Bezahlung der Spieler neu geregelt. In der Oberligazeit waren Fußballer sogenannte Vertragsspieler: Sie waren bei einem Verein vertraglich gebunden und mussten zusätzlich einen Beruf ausüben. Da sie weniger

Kevin Keegan, Starspieler des HSV im Jahr 1978

arbeiteten und entsprechend weniger verdienten als ein normaler Arbeitnehmer, erhielten sie ein kleines Gehalt als Entschädigung. Die Zahlungen waren insgesamt jedoch so gering (160 Euro im Monat), dass viele Vereine den Spitzenspielern heimlich mehr Geld zusteckten.

Mit dem Start der Bundesliga wurde der Lizenzspieler eingeführt, der nun ein festes Gehalt bezog. Das Monatseinkommen durfte aber höchstens 600 Euro betragen. Erst zehn Jahre später, als versteckte Zahlungen immer mehr zum Problem geworden waren, gab man die Gehälter für Bundesligaspieler frei.

Der erste Großverdiener der Bundesliga war der Engländer Kevin Keegan. In der Saison 1977/1978 erhielt er beim Hamburger SV das damals als „wahnsinnig hoch" bezeichnete Gehalt von 250 000 Euro. Heute bekommen viele Bundesligaspieler so viel pro Monat. Spitzenspieler wie Bastian Schweinsteiger und Philipp Lahm verdienen sogar zweistellige Millionensummen im Jahr. Internationale Superstars wie Lionel Messi und Cristiano Ronaldo haben (mit Prämien und Werbung) ein Jahreseinkommen von über 30 Millionen Euro.

Die erste Meisterschaft der Bundesliga im Jahr 1964 gewann überlegen der 1. FC Köln. In den darauffolgenden Jahren konnte sich kein Verein dauerhaft an die Spitze setzen. Nach Köln holten sich Werder Bremen, 1860 München und Eintracht Braunschweig den Titel. Der 1. FC Nürnberg wurde 1968 zum neunten Mal Meister. Und 1969 sicherten sich die Münchener Bayern, die vier Jahre zuvor in die 1. Bundes-

Gerd Müller (Bayern München), der Torschützenkönig der Bundesliga. Er erzielte 365 Tore in 427 Spielen.

liga aufgestiegen waren, ihren ersten Titel. Es war, nach 1932, erst die zweite Meisterschaft für den Klub, der nun einen Titel nach dem anderen einheimsen sollte. 1987 errangen die Bayern ihre zehnte Meisterschaft und überholten damit den bisherigen Rekordmeister, den 1. FC Nürnberg.

Seit 1969 gab es nur wenige Vereine, die den Bayern Konkurrenz machen konnten. In den 1970er Jahren hieß der große Rivale Borussia Mönchengladbach. Die Borussen waren mit fünf Meisterschaften in dieser Zeit sogar noch erfolgreicher als die Münchener. Seit 1977 blieben sie allerdings ohne Titel.

Meister wurden in den 36 Spielzeiten von 1978 bis 2013 insgesamt acht Vereine: 1. FC Köln und VfL Wolfsburg (je 1x), 1. FC Kaiserslautern (2x), Hamburger SV, VfB Stuttgart und Werder Bremen (je 3x), Borussia Dortmund (5x) sowie der FC Bayern München (18x). Das heißt: Die Bayern haben in dieser Zeit genau die Hälfte aller Titel errungen! Gut also, dass Konkurrenten wie zuletzt Borussia Dortmund (Meister 2011 und 2012) dafür sorgen, dass es nicht zu einseitig und langweilig wird.

Die erfolgreichste Mannschaft der 1970er-Jahre: Borussia Mönchengladbach mit Trainer Hennes Weisweiler (mit Meisterschale)

1987 wurde Bayern München mit dem zehnten Titel deutscher Rekordmeister. Trainer Udo Lattek (links) ist mit acht Meistertiteln (sechs mit München, zwei mit Mönchengladbach) bis heute der erfolgreichste Bundesligatrainer.

Die Dortmunder Sebastian Kehl und Sven Bender mit der Meisterschale 2012.

Die Meisterschaft 1999/2000 war extrem knapp: Bayer Leverkusen führte vor dem letzten Spieltag mit drei Punkten Vorsprung auf den FC Bayern die Tabelle an. Dann folgte ein 0:2 in Unterhaching, die Bayern gewannen in Bremen mit 3:1 und wurden nur aufgrund des besseren Torverhältnisses Meister. Der Leverkusener Michael Ballack, der ein Eigentor verursachte (Bild), war besonders unglücklich.

19. Mai 2001, 34. Spieltag: Die Schalker hatten ihr letztes Spiel gewonnen und bejubelten bereits die Meisterschaft, da der HSV gegen den FC Bayern mit 1:0 führte. Das Spiel in Hamburg lief aber noch, wenige Sekunden später fiel dort der Ausgleich zum 1:1 – und Schalke war nur noch Vizemeister.

Wann ist die Bundesliga besonders spannend?

Trotz Bayern München ist der Fußball spannend geblieben. Denn selbst die Bayern können einmal verlieren. Gelingen und Versagen liegen beim Fußball sehr nah beieinander. Wie leicht geht zum Beispiel ein Torschuss daneben! Selbst wenn eine Mannschaft pausenlos nach vorn stürmt, heißt das noch nicht, dass sie gewinnt. Vielleicht kommt der Gegner kurz vor Schluss zu seiner ersten und einzigen Chance – und erzielt das entscheidende Tor. Der Ausgang eines Spiels ist also immer ungewiss.

Spannung ist besonders dann angesagt, wenn am Ende einer Saison mehrere Mannschaften an der Spitze liegen. Viele Vereine sicherten sich die Meisterschaft mit nur einem Punkt Vorsprung: Bayern 1974 und 1994, Mönchengladbach 1977, Bremen 1993, Dortmund 1995 und 2002.

2001 war es besonders spannend, als der FC Bayern knapp vor Schalke 04 gewann. Der letzte Spieltag: Während Bayern gegen den HSV mit 0:1 zurückliegt, gewinnt Schalke das Spiel gegen Unterhaching mit 5:3. Die 90. Minute bricht an, die Schalker fühlen sich bereits als Meister. Doch beim HSV lässt der Schiedsrichter nachspielen – und Bayerns Andersson gelingt mit einem Freistoß das Tor zum 1:1-Ausgleich! Mit nur einem Punkt Vorsprung sind die Münchener wieder einmal Meister.

Die knappste Entscheidung im Ligafußball wird durch das Torverhältnis getroffen. Stehen am Ende einer Saison zwei

Wann fällt die knappste Entscheidung?

Mannschaften punktgleich an der Spitze, dann wird derjenige Meister, der mehr Tore erzielt hat. Die ersten Mannschaften, die nur wegen eines besseren Torverhältnisses Meister wurden, waren Köln (1978) und Hamburg (1983). 1984 waren sogar drei Vereine punktgleich: Der VfB Stuttgart, der Meister wurde, hatte sieben Tore mehr als Hamburg und 13 Tore mehr als Mönchengladbach. 1986 genügten den Bayern neun Tore Vorsprung vor Bremen, 2000 waren sie nur ganze sieben Tore besser als ihr Konkurrent Leverkusen.

Hochspannung gab es auch beim sogenannten „Herzschlag-Finale" in der Saison 1991/1992: Am letzten Spieltag liegen Frankfurt, Dortmund und Stuttgart punktgleich vorn. Die Frankfurter verlieren in Rostock 1:2. Lange Zeit sieht es so aus, als würden die Dortmunder Meister werden, die in Duisburg mit 1:0 führen. Doch dann biegt der VfB Stuttgart, der in Leverkusen mit 0:1 zurückliegt, noch alles um: Erst der Treffer zum 1:1-Ausgleich, dann, drei Minuten vor dem Abpfiff, macht Guido Buchwald per Kopf das 2:1. Das bessere Torverhältnis (62:32 gegenüber 66:47) bringt Stuttgart den Titel. Hätten die Frankfurter in Rostock gewonnen, wären sie Meister geworden (Torverhältnis: 76:41).

Nicht nur an der Tabellenspitze, auch am Tabellenende ist es oft bis zum letzten Spieltag spannend. Für die Fans der betroffenen Vereine ist die Frage nach dem Abstieg genauso wichtig wie für andere die Frage

nach dem Meister. Bis zu drei Vereine müssen jedes Jahr absteigen, und oft ist es zwischen dem rettenden Platz 15 und dem Relegationsplatz 16 genauso eng wie zwischen dem Ersten und dem Zweiten der Tabelle.

Zum spannendsten Abstiegskampf

Was ist ein Abstiegsdrama?

in der Bundesliga-Geschichte kam es 1999. Fünf Mannschaften waren noch gefährdet: Nürnberg stand vor dem letzten Spieltag auf Platz 12 (37 Punkte) vor Stuttgart, Freiburg und Rostock. Frankfurt nahm mit 34 Punkten den Abstiegsplatz 16 ein. Stuttgart und Rostock gewannen und waren gerettet. Nürnberg verlor gegen Freiburg 1:2, Frankfurt gewann gegen Kaiserslautern 5:1. Beide hatten nun je 37 Punkte, Frankfurt ein Torverhältnis von 44:54, Nürnberg eines von 40:50. Nürnberg musste absteigen, denn bei Torgleichheit zählen die mehr geschossenen Tore.

DRAMATISCHES FINALE

Es ist der vorletzte Spieltag der Saison 1985/1986. In der Partie Bayern München gegen Werder Bremen steht es immer noch 0:0. Beide Mannschaften liegen im Kampf um den Meistertitel gleichauf. Da gibt es in der 88. Minute Elfmeter für Bremen. Nun könnte Michael Kutzop die Meisterschaft für Bremen klarmachen (oben) – doch der Ball landet am Pfosten! Es bleibt beim 0:0. Ihr nächstes Spiel verlieren die schockierten Bremer, Bayern gewinnt und ist wegen des besseren Torverhältnisses Meister.

Mario Gomez im Trikot des FC Bayern war 2010/11 mit 28 Toren Torschützenkönig der Bundesliga.

Ein kleiner Fan von Union Berlin beim Pokalfinale 2001 – der damalige Drittligist verlor gegen Schalke mit 0:2. Sein erfolgreichstes Jahr hatte Union 1968; da gewann der Verein den Pokal der DDR.

2012/13 war Leverkusen in der Liga Dritter. Aber der Stürmer Stefan Kießling konnte sich einen begehrten Titel holen: Er war mit 25 Toren der treffsicherste Stürmer der Saison. Alt-Torjäger Uwe Seeler überreichte ihm die Torjägerkanone.

DAS „DOUBLE"

Wenn eine Mannschaft in einer Saison gleichzeitig die Meisterschaft und den Pokal gewinnt, spricht man vom „Double". Natürlich sind auch hier die Bayern die Besten. Insgesamt gewannen sie neunmal das „Double" (1969, 1986, 2000, 2003, 2005, 2006, 2008, 2010, 2013). Nur drei weiteren Vereinen gelang dieser Triumph jeweils einmal: dem 1. Köln (1978), Werder Bremen (2004) und Borussia Dortmund (2012).

Frühere Bayern-Konkurrenten

> **Wer kann die Bayern stoppen?**

wie der Hamburger SV und Werder Bremen hatten in den letzten Jahren mit der Vergabe des Meistertitels nichts zu tun. Bayer Leverkusen wurde als „Vizekusen" verspottet: Es war zwar immer oben mit dabei, für mehr als den zweiten oder dritten Platz aber reichte es nie. Erst als Borussia Dortmund unter Trainer Jürgen Klopp wieder erstarkte, mussten sich die Bayern warm anziehen.

Jahrelang hatte der BVB gegen den FCB nichts geholt. Doch in den Spielzeiten 2010/11 und 2011/12 holten die Dortmunder nicht nur zwei Meistertitel und einen Pokalsieg, sondern sie gewannen in beiden Wettbewerben auch alle Spiele gegen die Münchener. Der Höhepunkt war das Pokalfinale 2012, in dem die Schwarzgelben die Roten mit 5:2 schlugen und damit das „Double" - den Gewinn von Meister-

schaft und Pokal in einer Saison – perfekt machten.

Ob es den Dortmundern gelingen wird, die Erfolgsserie der Bayern dauerhaft zu stoppen, ist allerdings fraglich. In der Saison 2012/13 übertrafen die Bayern fast alle bis dahin gültigen Rekorde und wurden mit dem Riesenvorsprung von 25 Punkten Meister vor den Borussen. Auch im Pokal waren sie erfolgreich. Im Viertelfinale schalteten sie den Rivalen aus dem Ruhrgebiet mit 1:0 aus, dann gewannen sie im Finale gegen den VfB Stuttgart mit 3:2.

Dortmunds Stürmer Robert Lewandowski jubelt, die Bayern sind frustriert. Der BVB gewann das Pokalfinale 2012 gegen die Bayern mit 5:2!

2013 konnten die Bayern den 16. Pokalsieg bejubeln. Im Finale wurde der tapfer kämpfende VfB Stuttgart mit 3:2 besiegt.

Beim Pokalfinale 1982 gewann Bayern München gegen den 1. FC Nürnberg mit 4:2. Bayern-Mittelstürmer Dieter Hoeneß verletzte sich dabei so schwer, dass er nur mit einem „Turban" weiterspielen konnte. Trotzdem erzielte er den letzten Treffer – per Kopf!

Während in der Bundesliga nur einige wenige Vereine an der Spitze mitmischen, sieht es im Pokalwettbewerb etwas

Warum hat der Pokal seine eigenen Gesetze?

anders aus. Im Pokal haben auch die kleinen Vereine einmal eine Chance, den großen ein Bein zu stellen. Deshalb spricht man davon, dass der Pokal seine „eigenen Gesetze" hat. Selbst der FC Bayern hat im Pokal viele Pleiten erlitten. Zwischen 1977 und 1995 verloren die Münchener gegen den FC Homburg (1:3), den VfL Osnabrück (4:5), die SpVgg Bayreuth sowie gegen den FV 09 Weinheim und den TSV Vestenbergsgreuth (jeweils 0:1). Aber natürlich haben die Bayern nicht immer verloren. Bis 2013 errangen sie 16 Titel und sind damit auch Rekordpokalsieger.

Nach den Bayern ist Werder Bremen mit sechs Pokalsiegen am erfolgreichsten, gefolgt von Schalke (fünf) sowie Köln, Frankfurt und Nürnberg (je vier Pokalsiege). Nur einmal

gelang einem Zweitligisten der Pokalsieg: Hannover 96 im Jahr 1992. Einige Male haben es sogar Amateurvereine geschafft, bis ins Endspiel vorzudringen. 1993 unterlagen die Amateure von Hertha BSC den Profis aus Leverkusen nur knapp mit 0:1, 1997 hatte der damalige Drittligist FC Energie Cottbus gegen den VfB Stuttgart mit 0:2 das Nachsehen. Zuletzt schaffte es 2011 ein unterklassiger Verein ins Finale. Der damalige Zweitligist MSV Duisburg war allerdings gegen Schalke 04 chancenlos und verlor mit 0:5.

Traurig: Lothar Matthäus im Trikot von Borussia Mönchengladbach 1984 nach seinem verschossenen Elfmeter.

ELFMETERSCHIESSEN

Schon häufiger kam es in den Endspielen des DFB-Pokals zum Elfmeterschießen. So auch 1984 im Spiel Bayern München gegen Mönchengladbach, das nach der Verlängerung immer noch unentschieden 1:1 stand. Lothar Matthäus, damals bei Gladbach, verschoss seinen Elfmeter. Die Bayern gewannen mit 7:6. Peinlich für Matthäus: Er hatte bereits einen Vertrag bei den Bayern in der Tasche. 1991 siegte Bremen gegen Köln im Elfmeterschießen, 1992 Hannover 96 gegen Mönchengladbach. Für Bayern wurde es im Endspiel 1999 erneut dramatisch: Wieder stand es 1:1, diesmal gegen Bremen. Und wieder verschoss Matthäus einen Elfmeter. Als dann auch noch Effenberg patzte, stand Bremen als Pokalsieger fest.

Bundesliga-Rekorde

VEREINE

„Ewige" Tabelle der Bundesliga

1. Bayern München (3186 Punkte, 3510:1861 Tore)
2. Werder Bremen (2564 Punkte, 2834:2360 Tore)

Saisonrekorde des FC Bayern München:

(ohne Angabe alle 2012/13)
Die meisten Punkte: 91
Die meisten Siege: 29
Die meisten Siege ohne Gegentor: 21
Die wenigsten Niederlagen: 1
(2012/13 und 1986/87)
Die beste Tordifferenz: +80
Die meisten Tore: 101 (1971/72)
Die wenigsten Gegentore: 18
Der größte Vorsprung: 25 Punkte
Die meisten Heimsiege: 16
(1972/73; wie Schalke 1971/72)
Die meisten Auswärtspunkte: 47
Die meisten Auswärtssiege: 15
Die wenigsten Auswärts-Gegentore: 7
Die wenigsten Auswärtsniederlagen: 0 (wie 1986/87)
Der früheste Meister: 28. Spieltag

Negativrekorde von Tasmania Berlin (1965/66):

Die wenigsten Punkte: 8
Die wenigsten Tore: 15
Die meisten Gegentore: 108
Die schlechteste Tordifferenz: −93 Tore
Die längste Sieglos-Serie: 31 Spiele in Folge
Die meisten Heimniederlagen: 12
Die höchste Heimniederlage: 0:9 (gegen den Meidericher SV)

Rekorde anderer Vereine:

Bayer Leverkusen:
24 x ungeschlagen zu Beginn einer Saison (2009/10)
Borussia Dortmund:
28 x ungeschlagen in einer Saison (24.9.2011 bis 5.5. 2012)
1860 München:
die meisten Platzverweise in einer Saison: 12 (1994/95)
Arminia Bielefeld, 1. FC Nürnberg: je 7 x Aufsteiger und Absteiger

SPIELE

Höchste Siege / Niederlagen:

12:0 (Borussia Mönchengladbach – Borussia Dortmund, 1977/78)
11:0 (Borussia Mönchengladbach – FC Schalke 04, 1966/67)
11:1 (Bayern München – Borussia Dortmund, 1971/72)
11:1 (Borussia Dortmund – Arminia Bielefeld, 1982/83)

Verrückteste Aufholjagden:

7:4 (Kaiserslautern – Bayern München, 1973: Die Lauterer liegen 1:4 zurück und gewinnen 7:4.)
6:5 (Bayern München – VfL Bochum, 1976: München liegt mit 0:4 zurück und gewinnt mit 6:5.)

Höchste Zuschauerzahl:

Hertha BSC – 1. FC Köln (88.075 Zuschauer, 26.9.1969)

Geringste Zuschauerzahl:

Tasmania Berlin – Bor. Mönchengladbach (827 Zuschauer, 15.1.1966)

SPIELER

Die meisten Tore:

1. Gerd Müller (Bayern München): 365 Tore
2. Klaus Fischer (Schalke 04): 268 Tore
3. Jupp Heynckes (Bor. Mönchengladbach): 220 Tore

Die meisten Tore pro Saison:

40 Tore (Gerd Müller, Bayern München, 1971/72)

Die meisten Tore in einem Spiel:

6 Tore (Dieter Müller, 1. FC Köln, beim 7:2 gegen Werder Bremen am 17.8.1977)

Die meisten Spiele:

1. Karl-Heinz Körbel (Eintracht Frankfurt): 602 Einsätze
2. Manfred Kaltz (Hamburger SV): 581 Einsätze
3. Oliver Kahn (Karlsruher SC / Bayern München): 557 Einsätze

Die meisten Spiele in Serie:

Sepp Maier (Bayern München): 442

Die meisten Meistertitel:

Mehmet Scholl, Oliver Kahn (Bayern München): je 8

Die meisten Elfmetertore:

Manfred Kaltz (Hamburger SV): 53

Die meisten Siege:

Oliver Kahn (Bayern München): 310

Am längsten ohne Gegentor:

Timo Hildebrand (VfB Stuttgart): 884 Spielminuten (2003)

Die meisten Niederlagen:

Bernard Dietz (MSV Duisburg, Schalke 04): 221

Die meisten Vereine:

Michael Spies: 7 (VfB Stuttgart, Karlsruher SC, Borussia Mönchengladbach, Hansa Rostock, Hamburger SV, Dynamo Dresden und VfL Wolfsburg, 1985 bis 1998)

Die meisten Eigentore:

Manfred Kaltz (Hamburger SV) und Nikolce Noveski (Mainz 05): je 6

Die meisten gelben Karten:

Stefan Effenberg (Bor. Mönchengladbach, Bayern München): 114

Die meisten Platzverweise:

Jens Nowotny (Karlsruher SC, Bayer Leverkusen): 8

Der jüngste Spieler:

Nuri Sahin (Bor. Dortmund, 6.8.2005): 16 Jahre und 335 Tage

Der älteste Spieler:

Klaus Fichtel (Schalke 04, 21.5.1988): 43 Jahre, 183 Tage

Alle Daten bis einschließlich Saison 2012/13

In der Europapokal-Saison 1973/1974 kam es im Achtelfinale des Landesmeister-Cups zum deutsch-deutschen Duell zwischen Bayern München und Dynamo Dresden (4:3, 3:3). Mit dabei waren der heutige Bayern-Präsident Uli Hoeneß (links) und der Ex-Trainer von Energie Cottbus, Eduard Geyer (rechts).

Fußball in der DDR

Wer war im Osten Deutschlands top?

Fußball gab es nach dem Zweiten Weltkrieg natürlich auch in der Deutschen Demokratischen Republik (DDR). Rekordmeister der von 1948 bis 1990 bestehenden DDR-Oberliga ist Dynamo Berlin. Beliebter waren aber Mannschaften wie Dynamo Dresden, der 1. FC Magdeburg oder der 1. FC Union aus Berlin-Oberschöneweide. Nach der Wiedervereinigung 1990 wechselten viele Spitzenspieler zu Westvereinen. Dennoch konnten sich in der Saison 1991/92 Hansa Rostock und Dynamo Dresden für die wiedervereinigte 1. Bundesliga qualifizieren. Heute haben es die Vereine der ehemaligen DDR-Oberliga schwer. 2013/14 spielten Union Berlin, Erzgebirge Aue, Dynamo Dresden und Energie Cottbus in der 2. Liga.

Den einzigen internationalen Triumph einer DDR-Vereinsmannschaft erreichte der 1. FC Magdeburg im Jahr 1974. Er besiegte im Finale des Europacups der Pokalsieger den hoch favorisierten AC Mailand mit 2:0. Wenn Mannschaften aus der Oberliga auf Teams der Bundesliga trafen, hatten die DDR-Klubs meistens das Nachsehen. In den 31 deutsch-deutschen Duellen blieben die Bundesligisten 28-mal Sieger.

Den größten Erfolg in ihrer Länderspielgeschichte erreichte die DDR ebenfalls 1974, als sich die Nationalmannschaft erstmals für eine WM qualifizierte. In der Vorrunde kam es zum ersten und einzigen Aufeinandertreffen der Teams aus der BRD und der DDR. Durch ein Tor von Jürgen Sparwasser in der 78. Minute gewannen die Ostdeutschen mit 1:0. Die anschließenden Niederlagen gegen Brasilien und die Niederlande beendeten das WM-Abenteuer.

Matthias Sammer war DDR-Meister mit Dynamo Dresden und anschließend in der Bundesliga Meister mit Stuttgart und Dortmund. Als erster Spieler aus der ehemaligen DDR trug er im wiedervereinigten Deutschland das Nationaltrikot.

Vereine der Bundesliga

FC BAYERN MÜNCHEN (GEGR. 1900)

Die Bayern sind deutscher Rekordmeister und haben seit 1974 auch international viele Erfolge errungen. Ihre große Zeit begann in den 1970er Jahren mit Spielern wie Sepp Maier, Franz Beckenbauer und Gerd Müller. Später waren Paul Breitner und Karl-Heinz Rummenigge, Lothar Matthäus und Stefan Effenberg sowie Oliver Kahn und Mehmet Scholl die bekanntesten Stars. In der Mannschaft des zum Welttrainer gewählten Jupp Heynckes, die 2013 alle wichtigen Titel inklusive Champions League und Klub-WM gewann, zählen Philipp Lahm, Bastian Schweinsteiger und Thomas Müller sowie Franck Ribéry und Arjen Robben zu den berühmtesten Spielern. Unter Trainer Pep Guardiola, der zuvor bereits den FC Barcelona zum Seriensieger gemacht hat, wollen die Bayern nun den europäischen Fußball beherrschen.
Stadion: Allianz-Arena (71.137 Plätze)

SV WERDER BREMEN (GEGR. 1899)

Die Bremer waren über viele Jahre der härteste Konkurrent von Bayern München. Dazwischen gab es aber auch einige Auf und Abs. Bei anderen Vereinen wird meist der Trainer entlassen, wenn es mal nicht so gut läuft. In Bremen aber vertraute man 14 Jahre lang auf Otto Rehhagel. Mit ihm und ausländischen Topspielern wie Andreas Herzog (Österreich), Wynton Rufer (Neuseeland) und Rune Bratseth (Norwegen) gewann Werder 1992 den Europacup der Pokalsieger. Auch ohne viel Geld errangen die Bremer unter Trainer Schaaf weitere Erfolge. 2004 gelang sogar das „Double" aus Meisterschaft und Pokalsieg. Danach ging es trotz erfahrener Spieler wie Clemens Fritz und Aaron Hunt in der Tabelle bergab.
Stadion: Weser-Stadion (42.100 Plätze)

HAMBURGER SV (GEGR. 1887)

Der Hamburger Sportverein ist der einzige Verein, der von sich behaupten kann, immer „erste Klasse" gewesen zu sein: Von 1963 bis heute spielt der Verein mit dem Rauten-Emblem ununterbrochen in der 1. Liga. Stets hatte der HSV torgefährliche Mittelstürmer. Berühmt war Tull Harder in den 1920er Jahren, noch berühmter Uwe Seeler. Bei den Fans hieß er nur „Uns Uwe". In der Bundesliga und im Europapokal war der HSV sei Ende der 1970er Jahre oft Spitze. Die besten Spieler jener Zeit waren der Engländer Kevin Keegan und das „Kopfball-Ungeheuer" Horst Hrubesch. Später war der Niederländer Rafael van der Vaart der berühmteste HSVer. Seit 2012 kickt er wieder im Trikot der Hanseaten, die in den letzten Jahren nicht so erfolgreich waren.
Stadion: Imtech-Arena (57.000 Plätze)

VFB STUTTGART (GEGR. 1893)

In den 1950er Jahren zählten die Schwaben mit zwei Meistertiteln zu den besten Vereinen. Kapitän war damals Robert Schlienz. Er hatte durch einen schweren Unfall einen Arm verloren und spielte trotzdem sehr gut Fußball. In der Bundesliga holte der VfB (Verein für Ballsport) drei Titel: 1984, 1992 und 2007. Zu den bekanntesten Stars zählten Asgeir Sigurvinsson, Karl Allgöwer, Guido Buchwald, Matthias Sammer und Mario Gomez. Das „magische Dreieck" im Sturm (Bobic, Balakov und Elber) wirbelte Mitte der 1990er Jahre jeden Gegner durcheinander, blieb aber ohne Titelerfolg. Der Ex-Torjäger Fredi Bobic ist heute Sportvorstand. Sein Ziel: Mit jungen Spielern eine Mannschaft aufzubauen, die oben mitspielen kann.
Stadion: Mercedes-Benz-Arena (60.441 Plätze)

BV BORUSSIA DORTMUND (GEGR. 1909)

Der BVB (Ballsportverein Borussia) war schon in den 1950er Jahren mit den „drei Alfredos" (Niepieklo, Kelbassa, Preißler) für Meistertitel gut. Als erster deutscher Klub gewannen die Borussen 1997 mit Spielern wie Matthias Sammer, Stéphane Chapuisat und dem heutigen Manager Michael Zorc die Champions League. Danach gab der BVB viel Geld für teure Spieler aus und wurde 2002 nochmal Meister. Es folgte eine lange sportliche und finanzielle Krise. Die ist heute längst wieder vorbei. Mit tollem Tempofußball schaffte das Team von Trainer Jürgen Klopp ab 2011 zwei Meistertitel, einen Pokalsieg und eine Finalteilnahme in der Champions League. Der finanzstarke FC Bayern lockte dem BVB seit 2013 aber die besten Spieler weg (erst Mario Götze, dann Robert Lewandowski).
Stadion: Signal-Iduna-Park (80.645 Plätze)

BORUSSIA MÖNCHENGLADBACH (GEGR. 1900)

Viele sagen, dass die Mönchengladbacher in den 1970er Jahren unter dem Trainer Hennes Weisweiler den besten Fußball gespielt haben. Damals war Günter Netzer der Regisseur, im Sturm schossen Jupp Heynckes und der Däne Allan Simonsen die Tore. Weil die Mannschaft, die auch im Europapokal begeisterte, enorm jung und ungestüm war, erhielt sie den Spitznamen „die Fohlen". Später ließ der Erfolg nach, die Borussia stieg sogar zweimal ab, zuletzt 2007. Unter Trainer Lucien Favre ging es dann jedoch wieder steil bergauf. Mit jungen Spielern wie Flügelflitzer Patrick Herrmann und Mittelstürmer Max Kruse spielen die Fohlen heute wieder eine gute Rolle. Das wird sicher auch ohne den vom FC Barcelona abgeworbenen Torwart Marc-

André ter Stegen so bleiben.
Stadion: Borussia-Park (54.010 Plätze)

FC SCHALKE 04 (GEGR. 1904)

Schalke ist ein Stadtteil von Gelsenkirchen. „04" heißen die Schalker wegen des Gründungsdatums. In früheren Zeiten haben bei dem Verein viele Bergleute gespielt, so genannte Knappen. Mit den legendären Spielern Ernst Kuzorra und Fritz Szepan wurden die Schalker zwischen 1934 und 1942 sechsmal Deutscher Meister. Danach gab es nur noch einen Meistertitel (1958), aber vier Erfolge im Pokal (zuletzt 2011 mit dem spanischen Superstar Raúl) und 1997 einen Triumph der „Eurofighter" um den Belgier Marc Wilmots im UEFA-Cup. Schalke spielt in der Bundesliga seit Jahren ganz oben mit und hat den 1. Platz mehrmals nur ganz knapp verpasst. Die Hoffnungen der zahlreichen Fans der „Blau-Weißen" ruhen heute auf Spielern wie Julian Draxler und Benedikt Höwedes.
Stadion: Veltins-Arena (61.973 Plätze)

1. FC KÖLN (GEGR. 1948)

Bekannt sind die Kölner wegen ihres Maskottchens – ein Geißbock namens „Hennes". Als die Bundesliga gegründet wurde, waren die „Geißböcke" mit Supertechniker Wolfgang Overath der beste Verein. Auch später kickten noch gute Spieler in Köln, zum Beispiel der säbelbeinige Pierre Littbarski und der x-beinige Torwart Toni Schumacher. Spätere Fan-Lieblinge des dreifachen Meisters waren der österreichische Torjäger Toni Polster und der deutsche Nationalstürmer Lukas „Poldi" Podolski. Nach dem fünften Abstieg 2012 starteten die Kölner mit dem ehemaligen Nationalstürmer Patrick Helmes als Aufstiegsfavorit in die Zweitliga-Saison 2013/14.
Stadion: RheinEnergieStadion (50.000 Plätze)

1. FC KAISERSLAUTERN (GEGR. 1900)

Weil die in roten Trikots antretenden Lauterer als besonders kampfstark gelten, nennt man sie auch „Rote Teufel". Die tollen Fans machten das Stadion auf dem Betzenberg oft zur „Hölle" für die Gegner. Heute heißt die Arena nach dem Kapitän der deutschen Weltmeisterelf von 1954 „Fritz-Walter-Stadion". Die „Walter-Elf" wurde zweimal Meister (1951 und 1953), mit Torjäger Stefan Kuntz (heute Vorstandschef des Vereins) folgte 1991 die erste Bundesliga-Meisterschaft. 1998 feierten die Lauterer unter Trainer Otto Rehhagel einen ganz besonderen Erfolg: Nach Abstieg und sofortigem Wiederaufstieg wurden sie Deutscher Meister! Nach dem dritten Abstieg 2012 kämpfen die Pfälzer darum, wieder erstklassig zu werden.
Stadion: Fritz-Walter-Stadion (49.780 Plätze)

EINTRACHT FRANKFURT (GEGR. 1899)

Die Frankfurter spielten oft guten Fußball. Zwei Weltmeister von 1974, Jürgen Grabowski und Bernd Hölzenbein, gehörten zur Mannschaft der Eintracht. Tollen Fußball boten die Frankfurter auch 1992, als Andreas Möller, Uwe Bein, Jay-Jay Okocha und Anthony Yeboah stürmten. Deutscher Meister sind sie aber trotzdem nicht geworden. Wenn es darauf ankam, spielte die Eintracht nämlich oft auch schlecht. Deswegen hat sie den Namen „launische Diva" bekommen. Seit 2001 stiegen die Frankfurter mehrmals ab und wieder auf. Nach dem letzten Aufstieg gelang ihnen 2012/13 unter Trainer Armin Veh und mit Torjäger Alexander Meier (16 Treffer) ein überraschender 6. Platz in der Bundesliga. Das bedeutete nach langer Zeit wieder Spiele im Europapokal.
Stadion: Commerzbank-Arena (51.500 Plätze)

BAYER 04 LEVERKUSEN (GEGR. 1904)

Die Leverkusener heißen „Bayer", weil sie ein „Werksverein" sind: Bayer ist die Fußballabteilung des gleichnamigen Chemie- und Pharmaunternehmens. Seit Jahren träumen die Leverkusener davon, einmal Deutscher Meister zu werden. Mehr als der zweite Platz in der Tabelle ist aber noch nie herausgesprungen. Im Jahr 2000 fehlten ihnen am Ende nur sieben Tore zur Meisterschaft. Klar ist: Sie spielen beständig oben mit, 2013 stellten sie mit Stefan Kießling den Torschützenkönig (25 Treffer) und wurden Dritter. Dass sie auch Titel gewinnen können, haben die „Vizekusener" immerhin bereits zweimal bewiesen: 1993 gewannen sie den DFB-Pokal, 1988 den UEFA-Cup.
Stadion: Bay-Arena (30.210 Plätze)

HERTHA BSC BERLIN (GEGR. 1892)

Der Berliner Ballsportclub (BSC) wurde vor über 100 Jahren auf einem Flussdampfer gegründet. Der hieß „Hertha", und deswegen hat man auch gleich den Verein auf diesen Namen getauft. Hertha zählte um 1930 schon einmal zu den besten Vereinen. Der Stürmer Hanne Sobek war damals das Vorbild aller Berliner Jungs. Seitdem hofft der Klub aus der Hauptstadt Deutschlands vergeblich auf einen weiteren Meistertitel, vorübergehend war er sogar nur zweitklassig. Zuletzt spielten die Berliner in der Bundesliga 2009 oben mit. Nach dem letzten Aufstieg 2013 baute Trainer Jos Luhukay um den kolumbianischen Stürmer Adrian Ramos ein Team zusammen, das überraschend gut mithalten kann.
Stadion: Olympiastadion (74.244 Plätze)

VFL BOCHUM (GEGR. 1938)

Den Verein für Leibesübungen (VfL) gibt es bereits seit 1848, doch erst seit 1938 wird dort auch Fußball gespielt. 1971 stiegen die Bochumer in die 1. Bundesliga auf. Weil sie sich dort mit viel Kampfkraft lange

hielten, bekamen sie den Spitznamen „die Unabsteigbaren". 1993 hat es sie dann doch erwischt, seitdem gab es mehrere Auf- und Abstiege. Drei Jahre nach dem sechsten Abstieg 2010 holten die Bochumer den schnauzbärtigen Kulttrainer Peter Neururer zurück. Seinen großen Erfolg in der Saison 2003/04, als er den VfL in der 1. Liga auf den 5. Platz führte, wird er allerdings kaum wiederholen können.
Stadion: Rewirpower-Stadion
(29.299 Plätze)

1. FC NÜRNBERG (GEGR. 1900)

Bevor die große Zeit der Bayern begann, war der 1. FCN die beste deutsche Mannschaft. Das Team um Torwart Heiner Stuhlfauth war in den 1920er Jahren fast unschlagbar. Später erzielten die Nürnberger mit dem legendären Torjäger Max Morlock (286 Oberliga-Tore) noch manchen Erfolg. Wegen seiner vielen Titel wird der ehemalige Rekordmeister bis heute schlicht „Club" genannt. 1969 gelang dem 1. FCN etwas Einmaliges: Er stieg als amtierender Meister ab. Es folgten lange Jahre in der 2. Liga und ein ständiges Auf und Ab. Erst 2007 gab es wieder einen Erfolg: Mit Torjäger Marek Mintal wurde der Club Pokalsieger. Obwohl er seitdem weiter meist um den Erhalt der Erstklassigkeit zittern muss, zählen die Clubfans zu den treuesten überhaupt.
Stadion: Grundig-Stadion (50.000 Plätze)

MSV DUISBURG (GGEGR. 1902)

Der Verein aus dem Ortsteil Meiderich war 1963 Gründungsmitglied der Bundesliga. In den 1970er Jahren, als der unermüdliche Abwehrrecke Bernard Dietz Kapitän war, hatten die nach ihren gestreiften Trikots auch „Zebras" genannten Duisburger ihre beste Zeit. Obwohl sie 2013 in die 3. Liga abstiegen, stehen sie immer noch auf Platz 15 der ewigen Tabelle der Bundesliga. 2011 standen sie als Zweitligist noch im Pokalfinale (0:5 gegen Schalke 04).
Stadion: Schauinsland-Reisen-Arena
(31.500 Plätze)

HANNOVER 96 (GEGR. 1896)

Im Jahr 1938 standen die Hannoveraner im Endspiel gegen Schalke 04. Sie benötigten ein Wiederholungsspiel und zwei Verlängerungen – insgesamt 240 Minuten –, um am Ende mit 7:6 zu gewinnen. So lange hat noch nie eine Mannschaft gebraucht, um Deutscher Meister zu werden. 1954 errangen die Hannoveraner noch einmal den Titel. 1992 wurden die „96er", die damals in der 2. Liga kickten, Pokalsieger. Inzwischen sind die Niedersachsen eine feste Größe in der Bundesliga. 2011 erreichten sie mit tollem Konterfußball den 4. Platz und qualifizierten sich damit für die Europa League.
Stadion: HDI-Arena (49.000 Plätze)

KARLSRUHER SC (GEGR. 1894)

Einer der Vorgängervereine hieß „Phönix" und wurde 1909 Deutscher Meister. 1952 erfolgte die Fusion mit dem VfB Mühlburg zum heutigen KSC. Der hatte 1993/94 eine Sternstunde, als er im UEFA-Pokal bis ins Halbfinale stürmte und auf dem Weg dorthin den FC Valencia mit 7:0 besiegte. Trainer war damals Winfried Schäfer. Er versuchte danach vergeblich, mit Stars wie dem Nationalspieler Thomas Hässler eine Erfolgsära einzuleiten. Nach insgesamt 24 Spielzeiten in der 1. Liga kämpft der zwischenzeitlich sogar nur drittklassige KSC seit 2013 wieder darum, in der 2. Liga eine gute Rolle zu spielen.
Stadion: Wildparkstadion (29.699 Plätze)

FORTUNA DÜSSELDORF (GEGR. 1895)

Einen Meistertitel (1933) und zwei DFB-Pokalsiege (1979, 1980) hat der Verein in seinen besten Zeiten errungen, einmal kam er sogar bis ins Finale des Europapokals der Pokalsieger. Später blieb der Erfolg aus. Aber der Edelfan Campino (Sänger der „Toten Hosen"), blieb seiner Fortuna selbst dann treu, als sie vorübergehend in der viertklassigen Oberliga antreten musste. Nach 15-jähriger Abwesenheit gaben die Fortunen 2012/13 ein kurzes Gastspiel in der Bundesliga. Nun versuchen sie alles, um

wieder erstklassig zu werden.
Stadion: Esprit-Arena (54.600 Plätze)

EINTRACHT BRAUSCHWEIG (GEGR. 1895)

1967 wurde die Eintracht zum ersten und bis heute letzten Mal Deutscher Meister. 1973 sorgten die Braunschweiger für Aufsehen, als sie als erster Verein überhaupt mit einer Trikotwerbung aufliefen. Sogar das Wappen des Vereins zierte damals das Logo des Kräuterlikör-Fabrikanten „Jägermeister". Nach langen mageren Jahren in der 2. und 3. Liga schafften die Braunschweiger 2013 die Rückkehr in die Bundesliga. Das 2:0 gegen den VfL Wolfsburg am 8. Spieltag war ihr erster Sieg in der Bundesliga seit 1985.
Eintracht-Stadion (23.325 Plätze)

TSV MÜNCHEN 1860 (GEGR. 1899)

Der TSV (Turn- und Sportverein) wurde bereits 1860 gegründet. Deswegen nennt man den Verein auch „Sechziger". Er hat aber auch noch andere Namen: „Die Löwen" (wegen des Wappens) und „die Blauen" (wegen den Trikots). 1966 erreichten die Löwen mit dem strengen Trainer Max Merkel ihre erste und bis heute letzte Meisterschaft. Seit dem Abstieg 2004 bemühen sich die seit einiger Zeit von dem jordanischen Geschäftsmann Hasan Ismaik unterstützen Sechziger um die Rückkehr in die Bundesliga. Viele Fans sind traurig, dass das Sechzger-Stadion an der Grünwalder Straße nur von der 2. Mannschaft benutzt werden darf.
Stadion: Allianz-Arena (71.137 Plätze)

VFL WOLFSBURG (GEGR. 1945)

Die Wolfsburger – man nennt sie auch „die Wölfe" – werden vom Autohersteller Volkswagen mit viel Geld unterstützt. 1997 sind sie in die 1. Bundesliga aufgestiegen. Trainer Felix Magath dressierte das „Wolfsrudel" dann so perfekt, dass der VfL 2009 überraschend Meister wurde. Die Angreifer Grafite und Edin Dzeko stellten dabei mit 54 Treffern den bis dahin besten Bundesligasturm aller Zeiten. Für 2013/14 konnten

Sportchef Klaus Allofs und Trainer Dieter Hecking viele gute Spieler holen, zuletzt den Belgier Kevin de Bruyne. Da ist ein vorderer Platz eigentlich Pflicht.
Stadion: Volkswagen-Arena (30.000 Plätze)

ARMINIA BIELEFELD (GEGR. 1905)

Die Bielefelder wissen nicht so recht, wohin sie gehören. Seit vielen Jahren steigen sie immer wieder auf und ab. Seit 2013 sind sie nach zwei Jahren in der 3. Liga immerhin wieder zweitklassig. Große Schlagzeilen machte der nach dem Germanenfürsten Arminius benannte Verein 1971 beim so genannten „Bundesliga-Skandal". Weil sie in Abstiegsgefahr waren, kamen die Bielefelder auf die Idee, den Spielern von Schalke 04 und Hertha BSC Geld zu geben, damit sie absichtlich verloren. Als die Sache herauskam, wurde die Arminia in die Regionalliga versetzt.
Stadion: Schüco-Arena (27.300 Plätze)

SC FREIBURG (GEGR. 1904)

Die Freiburger sind eine große Ausnahme im Profifußball: Von 1991 bis 2007 wurden sie ununterbrochen von Volker Finke trainiert. Der Fußballlehrer suchte immer wieder junge Talente, die er schnellen und schönen Angriffsfußball spielen ließ. 1995 hatten die damals „Breisgau-Brasilianer" genannten Freiburger mit dem 3. Platz in der Bundesliga ihren größten Erfolg. 2005 hingegen landeten sie auf dem letzten Platz und stiegen zum dritten Mal innerhalb von zehn Jahren ab. Seit 2009 sind sie wieder erstklassig. Unter Trainer Christian Streich gelang 2013 sogar ein toller 5. Platz. Tragisch ist allerdings, dass danach gleich fünf der besten Spieler zu Vereinen wechselten, bei denen sie mehr Geld verdienen.
Stadion: Mage-Solar-Stadion (24.000 Plätze)

FSV MAINZ 05 (GEGR. 1905)

Die Mainzer galten lange Zeit als „Karnevalsverein", den niemand besonders ernst nahm. Doch dann stiegen sie 2004 unter dem heutigen Dortmunder Trainer Jürgen Klopp in die Bundesliga auf und schlugen gleich den amtierenden Meister Werder Bremen. 2007 stiegen sie ab, kehrten jedoch schon 2009 wieder zurück. 2010/11 feierten die inzwischen von dem ehrgeizigen Taktiktüftler Thomas Tuchel trainierten Mainzer mit dem 5. Platz ihren bislang größten Erfolg.
Stadion: Coface-Arena (34.000 Plätze)

FC ST. PAULI (GEGR. 1910)

St. Pauli ist ein Stadtteil von Hamburg. Der Verein war früher mal auf Augenhöhe mit dem HSV. Heute ist er Zweitligist, hat ziemlich wenig Geld und keine großen Stars. Trotzdem war er immer wieder mal erstklassig, zuletzt 2010/11. Und unabhängig vom Erfolg ist der Kiezklub aus Hamburg Kult im Norden. Im Stadion am Millerntor, wo wild geschmückte Fans Piratenfahnen schwenken, herrscht fast immer eine ausgelassene Stimmung.
Stadion: Millerntor-Stadion (29.633 Plätze)

TSG 1899 HOFFENHEIM (GEGR. 1899)

Die „Turn- und Sportgemeinschaft" aus dem nur 3.000 Einwohner zählenden Sinsheimer Stadtteil Hoffenheim existiert schon seit über 100 Jahren. Doch ein erfolgreicher Profiklub wurde der Verein erst durch die Unterstützung des reichen Software-Unternehmers Dietmar Hopp. Er führte die TSG von der Kreisliga A bis in die Bundesliga. Nach dem Aufstieg schafften die Kraichgauer, die technisch hochwertigen Kombinationsfußball zeigten, 2008/09 sogar kurzzeitig den Sprung an die Tabellenspitze. Nach etwas schwächeren Leistungen versuchen sie nun wieder, mit jungen Talenten eine gute Rolle in der Bundesliga zu spielen.
Stadion: Wirsol Rhein-Neckar-Arena (30.150 Plätze)

FC AUGSBURG (GEGR. 1907)

Die Stadt der „Augsburger Puppenkiste", wo vor fünfzig Jahren beim Vorläuferverein des FC (dem Ballspiel-Club Augsburg) der blonde Helmut Haller zum Weltklassespieler reifte, hatte noch nie einen Bundesligisten. 2011 sind die Augsburger aufgestiegen und stellen damit den 51. Verein in der Geschichte der Bundesliga. 2013/14 waren die stets kampfstarken Augsburger immer noch erstklassig. Das von Trainer Markus Weinzierl ausgegebene Ziel war klar: Weiterhin drinbleiben in der 1. Liga.
Stadion: SGL-Arena (30 660 Plätze)

SPVGG GREUTHER FÜRTH (GEGR. 1903)

Das Wappen der Fürther ist das Kleeblatt. Tatsächlich hatten sie viel Glück im Fußball und wurden bis 1929 dreimal Meister. Danach blieben die großen Erfolge aus. 1996 taten sich die Fürther mit dem TSV Vestenbergsgreuth zusammen, der zwei Jahre zuvor die großen Bayern im Pokal mit 1:0 besiegt hatte. Seitdem heißen sie „Greuther Fürth". Nach vielen Jahren in der Spitzengruppe der 2. Liga schafften sie 2012 endlich den Aufstieg – um dann allerdings, weil kein einziger Heimsieg gelang, gleich wieder abzusteigen. Aber die Kleeblätter wollen natürlich möglichst schnell wieder Erstligaluft schnuppern.
Stadion: Trolli-Arena (18.000 Plätze)

1. FC UNION BERLIN (GEGR. 1966)

Von den Vereinen aus den fünf neuen Bundesländern waren Hansa Rostock (12 Jahre), Energie Cottbus (6 Jahre) und Dynamo Dresden (4 Jahre) am längsten erstklassig. 2013/14 waren alle nur noch zweit- oder drittklassig. Die besten Chancen, es als dann 53. Verein demnächst in die Bundesliga zu schaffen, hat wohl Union Berlin. Der Klub aus dem im Osten der Hauptstadt gelegenen Stadtteil Oberschöneweide, der 2001 immerhin bereits das Pokalendspiel erreicht hat, zählte in der ehemaligen DDR zu den beliebtesten Vereinen. Heute ist er „Kult" bei den Fans. Ihr Schlachtruf lautet: „Eisern Union".
Stadion an der alten Försterei (21.738 Plätze)

ALTERSKLASSEN

Manche Kinder fangen mit dem Fußball bereits bei den „Minis" an, der G-Jugend (4–6 Jahre). Dann folgen im Zwei-Jahres-Abstand die weiteren Altersklassen (F, E, D, C, B) bis hin zur A-Jugend, den 16- bis 18-Jährigen. Bis zur E-Jugend (8–10 Jahre) wird mit nur sieben Spielern auf einem kleineren Spielfeld und auf kleinere Tore gespielt (2 Meter hoch, 5 Meter breit).

DEUTSCHER MEISTER

In den Wettbewerben der A- und B-Jugend um die Deutsche Meisterschaft, die seit 1969 bzw. 1977 ausgetragen werden, stellten der VfB Stuttgart (17 Titel) und Borussia Dortmund (9 Titel) die besten Mannschaften. Die A-Jugendmeisterschaft 2012/13 gewann der VfL Wolfsburg. Im Meisterteam stand auch Maximilian Arnold, der 2013/14 ganz groß in der Bundesliga aufspielte.

DEUTSCHE ERFOLGE

Die Weltmeisterschaft der „Unter-20-Jährigen" (U20-WM) konnte die Bundesrepublik einmal gewinnen (1981). Bei der Europameisterschaft waren deutsche Teams insgesamt siebenmal erfolgreich. 2008/09 gewann Deutschland dabei sogar in allen Altersklassen (U17, U19 und U21) den EM-Titel. Das war sicher ein Erfolg der verbesserten Nachwuchsarbeit.

Jugendfußball

In Deutschland spielen über zwei Millionen Kinder und Jugendliche im Verein Fußball. In den untersten Jahrgängen kicken Jungen und Mädchen oft noch gemeinsam in einer Mannschaft. Die Basis für die Jugendarbeit sind nicht die großen Klubs wie Bayern München oder Borussia Dortmund, sondern die unzähligen kleinen Vereine. Viele Stars haben hier ihre Karriere begonnen. Sami Khedira beispielsweise kickte als kleiner Junge beim TV Oettingen, Bastian Schweinsteiger spielte beim TV Oberaudorf,

> **Wo beginnen die Bundesliga-stars ihre Karriere?**

Lukas Podolski holte sich bei 07 Bergheim den ersten Schliff, und Philipp Lahm erlernte das kleine Fußball-Einmaleins beim FT Gern München.

Seit den 1990er-Jahren bemüht sich der DFB verstärkt um die Förderung des Fußballnachwuchses. So hat man zum Beispiel Jugendliche im Alter von 16 bis 20 Jahren zu Jungtrainern und –trainerinnen für die F- und E-Jugend ausgebildet. Vereine, denen es gelingt, einen Jugend-Nationalspieler heranzubilden, erhalten eine besondere finanzielle Unterstützung. Die Bundesliga-Vereine wurden verpflichtet, Jugendleistungszentren zu errichten.

Die deutsche U17-Auswahl, die es 2012 bis ins EM-Finale schaffte (1:1, 4:5 im Elfmeter-schießen gegen die Niederlande). V.l.n.r., oben: Oliver Schnitzler, Maximilian Dittgen, Marian Sarr, Nico Brandenburger, Niklas Süle, Leon Goretzka; unten: Jeremy Dud-ziak, Timo Werner, Julian Brandt, Maximilian Meyer, Pascal Itter. Fünf dieser Spieler ka-men bereits 2013 zu Einsätzen bei den Pro-fis: Sarr bei Borussia Dortmund, Goretzka und Meyer bei Schalke 04, Süle in Hoffen-heim und Werner beim VfB Stuttgart.

Der deutsche Junioren-Nationalspieler Serge Gnabry unterschrieb 2012 als 17-Jähriger sei-nen ersten Profivertrag bei Arsenal London. Dort gilt er als „deutsches Wunderkind".

So entstand über ganz Deutsch-land verteilt ein Netz von Fußball-stützpunkten. Dort sollen vor allem 11- bis 12-jährige Jugendliche in Lehrgängen gezielt trainiert werden, denn dieses Alter ist entscheidend für die Ausbildung der technischen Möglichkeiten.

Im Jahr 2007 verdiente der 12-jährige Brasilia-ner Jean Carlos Chera beim berühmten FC Santos bereits 6.000 Euro monatlich. Im selben Jahr bot der FC Barcelona für den gleichaltrigen Muhammed Demirci (Besiktas Istan-bul) eine Millionen-Ablöse. 2011 sorgte die Verpflichtung des Sieben-jährigen Leonel Angel Coria durch Real Madrid für Schlagzeilen.

Gibt es Kinderprofis?

Ähnliche Transfers gab es auch in der Bundesliga. 2012 wechselten zum Beispiel die 13-jährigen Nico Franke und Alexander Laukart zu Hoffenheim bzw. Wolfsburg. Aber es wird heftig gestritten, ob solche Kindertransfers sinnvoll und richtig sind.

WELTMEISTER

U20-Junioren:
1977 Sowjetunion
1979 Argentinien
1981 BR Deutschland
1983 Brasilien
1985 Brasilien
1987 Jugoslawien
1989 Portugal
1991 Portugal
1993 Brasilien
1995 Argentinien
1997 Argentinien
1999 Spanien
2001 Argentinien
2003 Brasilien
2005 Argentinien
2007 Argentinien
2009 Ghana
2011 Brasilien
2013 Frankreich

U17-Junioren:
1985 Nigeria
1987 Sowjetunion
1989 Saudi-Arabien
1991 Ghana
1993 Nigeria
1995 Ghana
1997 Brasilien
1999 Brasilien
2001 Frankreich
2003 Brasilien
2005 Mexiko
2007 Nigeria
2009 Schweiz
2011 Mexiko
2013 Nigeria

FRÜH ÜBT SICH ...

Viele spätere Nationalspieler holten schon als Jugendliche große Titel. 2009 wurden Mesut Özil, Jerome Boateng, Manuel Neuer und Sami Khe-dira mit der U21 Europamei-ster. Im selben Jahr holten sich Mario Götze und Marc-André ter Stegen den EM-Ti-tel mit der U17. Kurz zuvor waren Lars und Sven Bender sowie Ron-Robert Zieler mit der U19 erfolgreich.

Europacup der Pokalsieger 1966: Stan Libuda (Borussia Dortmund) hob aus rund 30 Metern den Ball gefühlvoll über den Torwart von Liverpool hinweg ins Tor. Dortmund gewann 2:1 und war damit Deutschlands erster Europacup-Gewinner.

UEFA

Der Europäische Fußballverband UEFA – die Abkürzung steht für „Union Européenne de Football Association" – wurde am 15. Juni 1954 gegründet. Ihm gehören alle 53 Landesverbände Europas an. Die UEFA organisiert alle europäischen Fußball-Wettbewerbe – von Europa League und Champions League bis hin zur Europameisterschaft.

Pokal für den Sieger der Europa League (bis 2009 UEFA-Pokal)

Der Europacup

Alljährlich sind die Europapokalspiele die Höhepunkte der Fußballsaison. Millionen Zuschauer fiebern in den Stadien und vor den Fernsehgeräten mit. Früher gab es drei Europapokale (oder Europacups): Im Europacup der Landesmeister maßen die Meister der nationalen Ligen ihre Kräfte, im Europacup der Pokalsieger traten die Sieger der nationalen Pokalwettbewerbe gegeneinander an und im UEFA-Cup diejenigen Mannschaften, die in den nationalen Ligen zweite und dritte Plätze belegt hatten.

> **Welche Europapokal-Wettbewerbe gab es früher?**

> **Wann wurde der erste Europacup ausgetragen?**

1955/1956 setzte der Europäische Fußballverband UEFA erstmals die Idee eines gesamteuropäischen Pokalwettbewerbs in die Tat um. Alle Meister der nationalen Ligen sollten daran teilnehmen und in Hin- und Rückspiel gegeneinander antreten, um einen Meister des Kontinents zu ermitteln. 16 nationale Meister gingen damals beim ersten Europacup der Landes-meister an den Start. 1958 folgte der Messecup (seit 1971 UEFA-Cup). Der Europacup der Pokalsieger wurde 1960/1961 eingeführt und 1999 mit dem UEFA-Cup zusammengelegt.

1992/1993 wurde anstelle des Europacups der Landesmeister die Champions League eingeführt. Für die Champions League sind nicht nur die Landesmeister qualifiziert, sondern auch diejenigen Vereine, die in den stärksten nationalen Ligen vordere Plätze belegt haben. Wie ein Blick in die Siegerlisten zeigt (ab Seite 119), stellten Klubs aus England, Spanien, Italien und Deutschland

> **Was sind Champions League und Europa League?**

Jubel bei Horst Hrubesch und Felix Magath: Der Hamburger SV gewann gegen Juventus Turin mit 1:0 und war damit 1983 der letzte deutsche Sieger im alten Europapokal der Landesmeister.

Europapokal der Pokalsieger (1961-1999)

Pokal für den Sieger der Champions League (bis 1992 Europapokal der Landesmeister)

UEFA-Pokalsieger 1997 durch
Elfmeterschießen gegen Inter
Mailand: der FC Schalke 04

bisher die meisten Sieger in den europäischen Fußballwettbewerben. Diese vier erfolgreichsten Nationen dürfen in der Champions League jeweils bis zu vier Vereine an den Start schicken.

Während Meister und Vizemeister der stärksten Ligen direkt qualifiziert sind, müssen andere Vereine erst eine Qualifikation bestreiten. Wer da starten darf, entscheidet die UEFA alljährlich nach einem komplizierten Verfahren. Die Hauptrunde der Champions League wird dann von den 32 qualifizierten Vereinen zunächst im Ligasystem in acht Gruppen zu je vier Vereinen ausgetragen. Die beiden Gruppenbesten sind für die erste K.o.-Runde qualifiziert, bei der die Erst- gegen die Zweitplatzierten antreten. Dieses Achtelfinale wird, wie danach auch das Viertel- und Halbfinale, in einem Hin- und Rückspiel ausgetragen. Im Finale gibt es nur eine Partie. Der Sieger des Endspiels darf sich „beste

Vereinsmannschaft Europas" nennen.

In der Europa League, die 2009/10 den UEFA-Cup ablöste, ist der Ablauf ziemlich kompliziert. Startberechtigt sind unter anderen die nationalen Pokalsieger sowie bis zu drei weitere Vereine aus den spielstarken Verbänden. Es gibt mehrere Qualifikationsrunden, eine Gruppenphase sowie eine K.o.-Endrunde mit 32 Teams, zu der auch die acht Drittplatzierten der Champions-League-Gruppen in den Wettbewerb einsteigen. Im Vergleich zur Champions League, der „Königsklasse" im europäischen Vereinsfußball, ist die Europa League also ein Wettbewerb für auf internationaler Ebene eher zweitklassige Vereine.

Der erste deutsche Champions-League-Sieger war 1997 Borussia Dortmund. Lars Ricken stemmt den Pokal.

Der FC Barcelona dominierte lange Zeit den europäischen Fußball. Zwischen 2006 und 2011 gewannen die Katalanen dreimal die Champions League (hier 2011 nach dem 3:1 im Finale gegen Manchester United). An allen vier Titeln hatte der argentinische Superstar Lionel Messi (der kleine Winker in der Mitte) großen Anteil.

FLUTLICHT-SPIELE

Europapokalspiele sind Flutlicht-Spiele. Damit der nationale Ligabetrieb, der an den Wochenenden stattfindet, nicht gestört wird, müssen sie an den Abenden von Werktagen ausgetragen werden. Transportiert werden die Mannschaften mit Flugzeugen. Nur so kann Bayern München zum Beispiel am Mittwoch in Madrid antreten und am darauffolgenden Samstag in Hamburg. Bevor der zivile Luftverkehr nicht entsprechend ausgebaut war, also vor den 1950er-Jahren, hätte ein Wettbewerb wie der Europapokal gar nicht durchgeführt werden können.

Wer gewinnt im Europacup?

Es sind vier Fußball-Nationen, die seit 1955 die europäischen Wettbewerbe nahezu unter sich ausgemacht haben. Von den 152 Titeln, die bis 2013 in den Europacup-Wettbewerben (Champions League und Europa League sowie deren Vorläufer) vergeben wurden, haben Spanien, England, Italien und Deutschland allein 111 errungen. An spanische Vereine gingen 33 Titel, an englische 31, an italienische 29 und an deutsche 18.

Dass nur wenige Vereine aus wenigen Ländern den europäischen Fußball beherrschen, ist kein Zufall, sondern hat mit Geld zu tun. Der ehemalige Präsident von Real Madrid, Santiago Bernabeu, hat schon vor fünfzig Jahren auf der ganzen Welt die besten Fußballer eingekauft und die „Königlichen" auf diese Weise zum erfolgreichsten Verein gemacht. Später haben auch andere Top-Vereine in ähnlicher Weise mit dem Geld nur so um sich geworfen. 57-mal wurde bis 2013 „Europas Fußballer des Jahres" gewählt (heute „Bester Spieler in Europa"), 45-mal kam er aus einem der neun großen europäischen Klubs. Zu denen gehört neben Real Madrid, dem FC Barcelona, Juventus Turin, AC und Inter Mailand, dem FC Liverpool, Manchester United und Ajax Amsterdam auch Bayern München.

Warum ist der Europacup besonders spannend?

Seit rund fünfzig Jahren begeistert der Europacup die Zuschauer, weil in diesem Wettbewerb die besten Spieler und Vereine ihre Kräfte messen. Das garantiert tolle Spiele. Besonders spannend wird es immer dann, wenn zwei Supermannschaften aufeinander treffen. Manchmal können aber auch Außenseiter ein großes Team herausfordern. Solche Sternstunden des Fußballs finden immer überraschend statt. So war

Die Kapitäne der besten Teams der 1970er-Jahre: Franz Beckenbauer (Bayern München) und Johan Cruyff (Ajax Amsterdam)

Champions-League-Finale 2005, 60. Minute: Alle schauen gespannt, als Xabi Alonso (Liverpool, rotes Trikot) abgezogen hat. Der Schütze und sein Mannschaftskamerad Luis Garcia sowie die Mailänder Alessandro Nesta (am Boden) und Andrea Pirlo (im Hintergrund) sehen: Der Ball geht rein! Liverpool hat innerhalb von sechs Minuten einen 0:3-Rückstand aufgeholt!

SPIELERTRANSFER

„Transfer" nennt man den Wechsel eines Spielers von einem Verein zu einem anderen. Dabei geht es oft um Millionen. Der Verein, der einen Spieler abgibt, erhält große Summen, der Spieler selbst bekommt häufig ein Handgeld. Viele Klubs sind inzwischen hoch verschuldet; teure Spitzenspieler können sich nur wenige Verein, etwa Bayern München, leisten. Auf internationaler Ebene hat bisher stets Real Madrid die teuersten Spieler eingekauft. Die 73,5 Millionen Euro, die 2001 für Zinedine Zidane gezahlt wurden, waren lange Rekord. Heute liegt Zidane hinter Cristiano Ronaldo (2009 für 94 Millionen zu Real) und Gareth Bale (2013 für 91 Millionen zu Real) nur noch auf Rang drei. Der bisher teuerste Spieler der Bundesliga ist der Spanier Javier Martinez. Er wechselte 2012 für 40 Millionen Euro von Athletic Bilbao zu Bayern München.

es zum Beispiel 1962, als die Superstars von Real Madrid gegen Benfica Lissabon nach einer 2:0-Führung noch mit 3:5 verloren. Bester Spieler war der 20-jährige Eusebio. Dieses Finale, das der Stürmer aus Mosambik mit seinen Toren zum 4:3 und 5:3 innerhalb von sechs Minuten entschied, gilt bis heute als eines der spannendsten in der Geschichte des Europacups.

Fast noch dramatischer wurde es allerdings im Champions-League-Finale von 2005 zwischen dem FC Liverpool und dem AC Mailand. Die technisch und taktisch brillianten Italiener, von Andrea Pirlo souverän dirigiert, beherrschten zunächst das Spiel nach Belieben und gingen mit drei Toren in Führung. Doch angetrieben von ihrem Kapitän Steven Gerrard schafften die „Liverpudlians" innerhalb von sechs Minuten (54. bis 60.) ein Wunder: Plötzlich stand es 3:3. Nach einer torlosen Verlängerung gewannen sie schließlich im Elfmeterschießen mit 3:2.

Im Santiago-Bernabeu-Stadion von Madrid jubelten 80.000 Menschen, als dort im Sommer 2009 der portugiesische Superstar Cristiano Ronaldo vorgestellt wurde. Sein Jahreseinkommen beträgt rund 30 Millionen Euro (Gehalt + Prämien + Werbung).

AUSWÄRTSTOR

Um Wiederholungsspiele zu vermeiden, führte die UEFA 1969/1970 die Auswärtstor-Regelung ein. Bei Punkt- und Torgleichheit kommt diejenige Mannschaft weiter, die mehr Auswärtstore erzielt hat (1:2 ist also besser als 0:1).

LOS UND ELFMETER

1964/1965 scheiterte der 1. FC Köln im Viertelfinale des Cups der Landesmeister am FC Liverpool. Nach einem 0:0 im Hinspiel und einem 2:2 nach der Verlängerung im Rückspiel entschied, wie damals üblich, das Los – eine kleine, runde Plakette aus Holz. Liverpool hatte die rote, Köln die weiße Seite gewählt. Beim zweiten Versuch kam es zur Entscheidung: Rot. Liverpool war weiter. 1970 schaffte die UEFA den Losentscheid ab. Seitdem gibt es nach ergebnisloser Verlängerung Elfmeterschießen.

Die erste deutsche Mannschaft,

Wann klatschten sogar die Gegner Beifall?

die im Europacup ein Finale erreichte, war Eintracht Frankfurt. Zum Halbfinale des Wettbewerbs 1959/1960 bezwang der Deutsche Meister im heimischen Waldstadion die Glasgow Rangers sensationell mit 6:1. Als man auch noch das Rückspiel in Glasgow mit 6:3 gewann, waren selbst die Verlierer begeistert. Die Glasgower Spieler beglückwünschten die Sieger und spendeten Beifall. Im Finale, das vor 135 000 Zuschauern ebenfalls in Glasgow stattfand, hatte Frankfurt dann aber gegen das übermächtige Real Madrid keine Chance. Mit 3:7 musste man sich geschlagen geben. Drei Tore schoss damals der Argentinier di Stefano, gleich vier der Ungar Ferencz Puskás. Die Frankfurter waren aber überhaupt nicht enttäuscht, dass sie gegen solche Klassespieler verloren hatten. Sie waren glücklich, bei einem so tollen Spiel dabei gewesen zu sein, und klatschten begeistert, als ihre Bezwinger mit dem Pokal eine Ehrenrunde hinlegten.

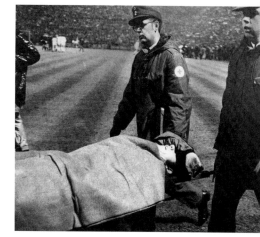

Nach dem verhängnisvollen Büchsenwurf am Bökelberg: Sanitäter tragen den italienischen Spieler Boninsegna vom Platz.

In der 28. Minute des Achtelfina-

Was war der Büchsenwurf vom Bökelberg?

les im Cup der Landesmeister 1971 lagen die furios spielenden Gladbacher gegen Inter Mailand bereits mit 2:1 vorn. Plötzlich flog eine halb gefüllte Cola-Dose aufs Spielfeld. Inter-Mittelstürmer Boninsegna, angeblich am Kopf getroffen, brach zusammen und musste vom Platz getragen werden. Die Gladbacher ließen sich von dem Zwischenfall nicht beirren. Als das Spiel fortgesetzt wurde, spielten sie wie im Rausch und siegten mit 7:1. Es war das beste Spiel, das eine deutsche Mannschaft je im Europapokal zeigte. Jupp Heynckes (2), Ulrik Le Fevre (2), Günter Netzer (2) und Klaus Sieloff schossen die Tore.

Nach dem Abpfiff lagen sich die Spieler jubelnd in den Armen. Doch wenige Tage später waren sie schockiert. Die Italiener hatten wegen des Büchsenwurfes gegen die Wertung des Spiels protestiert. Mit Erfolg: Es wurde wiederholt und en-

Die Supermannschaft von Real Madrid im Jahr 1960. Vorn kniend der legendäre Sturm: Canario, del Sol, di Stefano, Puskás, Gento (v.l.n.r.).

dete 0:0. Damit war Gladbach ausgeschieden, denn es hatte zuvor in Mailand mit 2:4 verloren.

Wann war die letzte Minute entscheidend?

Am 15. Mai 1974 stand zum ersten Mal seit 14 Jahren wieder eine deutsche Mannschaft im Finale des Cups der Landesmeister: Bayern München spielte in Brüssel gegen Atletico Madrid. In der Verlängerung erzielten die Spanier das 1:0. Die Bayern gaben das Spiel schon verloren, da erzielte der Verteidiger Georg Schwarzenbeck mit einem Verzweiflungsschuss fast von der Mittellinie aus den Ausgleich. Im Wiederholungsspiel zwei Tage später drehten die Bayern dann richtig auf: Uli Hoeneß und Gerd Müller sorgten mit je zwei Toren für einen 4:0-Triumph. Erstmals hatte eine deutsche Mannschaft den höchsten Titel Europas errungen!

In den Jahren 1975 und 1976 gewannen die Münchener erneut den Europacup der Landesmeister. Den drei Siegen folgten dann drei Finalniederlagen: 1982 unterlagen sie Aston Villa, 1987 dem FC Porto, und 1999 verloren sie in einem dramatischen Spiel gegen Manchester United. Wie 1974 waren wieder die letzten Minuten entscheidend. Bis zur 90. Minute führten die Bayern mit 1:0. Doch in der Nachspielzeit erzielte Manchester noch zwei Treffer. Beide Tore hatte David Beckham per Eckball vorbereitet.

Erst 2001 gelang den Bayern wieder der große Wurf. Nach Siegen über Manchester United und Real Madrid schalteten sie im Endspiel der Champions League auch den FC Valencia aus. 1:1 stand es nach der Verlängerung, dann hielt Oliver Kahn im Elfmeterschießen dreimal bravourös.

Sieg und Niederlage: 1974 feierten „Bulle" Roth und Paul Breitner nach dem 4:0 über Atletico Madrid den ersten Sieg einer deutschen Mannschaft im Europapokal der Landesmeister. 1982 waren die erfolgsgewohnten Bayern (von links: Karl-Heinz Rummenigge, Dieter Hoeneß, Paul Breitner) nach ihrer 0:1-Niederlage gegen Aston Villa am Boden zerstört.

Tolle Parade Oliver Kahns im Champions-League-Finale 2001. Die Bayern gewannen im Elfmeterschießen gegen den FC Valencia mit 5:4. Rechts: Kahn nach dem Spiel mit Pokal

Didier Drogba war im Champions-League-Finale von 2012 der entscheidende Mann: Erst erzielte er per Kopf das 1:1, dann verwandelte er auch noch den entscheidenden Elfmeter. Bastian Schweinsteiger, zuvor als fünfter Schütze für die Münchner angetreten, hatte verschossen.

GEWALT IN DEN STADIEN

Leider gab und gibt es rund um Fußballspiele auch ein Problem mit Gewalttätern. Diese sind meist nicht als Fußballfans erkennbar und werden als „Hooligans" bezeichnet. Das schlimmste Unglück ereignete sich am 29. Mai 1985 im Brüsseler Heysel-Stadion. Englische Hooligans randalierten beim Endspiel zwischen dem FC Liverpool und Juventus Turin im Landesmeister-Cup und lösten eine Katastrophe aus. Es gab 39 Tote und unzählige Verletzte. Die damals sehr erfolgreichen englischen Vereine wurden daraufhin für fünf Jahre von internationalen Wettbewerben ausgeschlossen.

Zwischen 1960 und 2012 schafften es außer dem FC Bayern weitere fünf deutsche Vereine bis ins Finale des Europapokals der Landesmeister bzw. der Champions League: Eintracht Frankfurt (1960), Borussia Mönchengladbach (1977), Hamburger SV (1980 und 1983), Borussia Dortmund (1997) und Bayer Leverkusen (2002). Als Sieger verließen nur zwei von ihnen den Platz. 1983 schlugen die Hamburger im zweiten Anlauf Juventus Turin durch ein Tor von Felix Magath mit 1:0. 1997 war Borussia Dortmund ebenfalls gegen Juventus Turin erfolgreich. Die Treffer zum 3:1-Sieg erzielten Karl-Heinz Riedle (2) und Lars Ricken.

Der deutsche Rekordmeister FC Bayern München drang nach dem Sieg von 2001 erst 2010 wieder ins Endspiel vor, verlor dort aber gegen

Was war das „Drama dahoam"?

Inter Mailand klar mit 0:2. Im Jahr darauf hatten die Münchner die einmalige Chance, als erster Klub überhaupt die Champions League im heimischen Stadion zu gewinnen. Doch das Endspiel in der Allianz Arena, das „Finale dahoam", endete dramatisch. Die hoch überlegenen Bayern sahen gegen den nur defensiv starken FC Chelsea nach Thomas Müllers spätem 1:0 schon wie der sichere Sieger aus. Doch Didier Drogba erzielte kurz vor dem Abpfiff per Kopf noch den Ausgleich. Chelsea gewann durch ein 4:3 im Elfmeterschießen den Titel.

Wer gewann das „deutsche Finale"?

Im Champions-League-Finale am 25. Mai 2013 in London kam es erstmals zu einem deutsch-deutschen Gipfeltreffen. Der amtierende Deutsche Meister FC Bayern traf dabei auf die aufstrebende Borussia aus Dortmund, die 2011 und 2012 den Meistertitel in der Bundesliga gewonnen hatte. Die Bayern, die im Halbfinale die bisherige Spitzenmannschaft FC Barcelona souverän ausgeschaltet und damit zum dritten Mal innerhalb von vier Jahren das Finale erreicht hatten, galten als Favorit. Aber die Dortmunder waren

Champions-League-Finale 2013: Da hofften die Dortmunder noch: Ilkay Gündogans Jubel nach seinem Elfmeter-Treffer zum 1:1.

nicht zu unterschätzen. Denn immerhin hatten sie von den letzten sieben Spielen gegen die Bayern fünf gewonnen. Und der vielumworbene Borussen-Stürmer Robert Lewandowski hatte mit vier Treffern beim 4:1 im Halbfinal-Hinspiel Real Madrid fast im Alleingang erledigt.

Es wurde ein berauschender Abend im Londoner Wembleystadion. Zunächst legten die Schwarzgelben aus Dortmund los wie die Feuerwehr. Bayern-Torwart Neuer musste sein Team mit einigen Weltklasse-Paraden vor einem Rückstand bewahren. Doch dann gewannen die Münchner allmählich mehr Kontrolle. Vor allem der flinke Robben hatte einige hervorragende Chancen, er konnte den starken BVB-Keeper Weidenfeller aber nicht überwinden.

In der zweiten Hälfte rissen die nun wesentlich aggressiveren und mit Tempo über die Flügel angreifenden Bayern das Spiel endgültig an sich. In der 60. Minute erzielte Mario Mandzukic auf Vorarbeit von Ribéry und Robben das 1:0. Doch die Dortmunder schlugen zurück. Nach einem Foul des Bay-

ern-Verteidigers Dante am Borussen-Angreifer Reus pfiff der Schiedsrichter: Elfmeter! Dortmunds Mittelfeld-Ass Ilkay Gündogan glich zum 1:1 aus. Die Bayern blieben aber am Drücker. Die Entscheidung fiel in der 89. Minute: Ribéry kam nach einem weiten Pass von Boateng an den Ball, behauptete ihn gegen die Abwehrspieler der Borussia und leitete ihn per Hacke an den durchgestarteten Robben weiter. Der tanzte Hummels und Subotic aus und vollstreckte überlegt zum 2:1. Der FC Bayern hatte zum fünften Mal den Titel in der „Königsklasse" Europas gewonnen!

Champions-League-Finale 2013: Nach dem Schlusspfiff lassen die Bayernspieler ihren Trainer Jupp Heynckes hochleben.

Einen Europarekord im Toreschießen stellte Jürgen Klinsmann auf dem Weg zum UEFA-Cup-Titel der Bayern im Jahr 1996 auf: 15 Tore in 12 Spielen!

„WUNDER VON DER WESER"

Als Mannschaft der Aufholjagden schrieb Werder Bremen Fußballgeschichte. 1987/88 hatten die Bremer im UEFA-Pokal bei Spartak Moskau mit 1:4 verloren. Dann gewannen sie im Rückspiel mit 6:2 und waren eine Runde weiter. Ähnliches gelang ihnen später auch in der „Königsklasse". 1988/89 korrigierten sie ein 0:3 bei Dynamo Berlin mit einem 5:0-Heimsieg. Und 1993/94 gelang es ihnen im heimischen Weserstadion, den RSC Anderlecht nach einem 0:3-Rückstand noch mit 5:3 zu schlagen. Einen Titel gewannen sie allerdings hernach nie.

Zwölfmal gelangten deutsche Mannschaften ins Finale des Europapokals der Pokalsieger. Fünfmal verließen sie den Platz als Sieger, siebenmal als Verlierer. Die Liste der Sieger beginnt mit den Dortmundern, die 1966 erstmals einen Europapokal nach Deutschland holten (2:1 n. V. gegen den FC Liverpool). Gleich im Jahr darauf konnte Bayern München sich den Titel sichern. Auch die Bayern mussten im Endspiel gegen die Glasgow Rangers nach torlosen 90 Minuten in die Verlängerung. Es war „Bulle" Roth, der mit seinem Tor für die Entscheidung sorgte. 1977 holte

Welche deutschen Pokalsieger gewannen im Europacup?

sich der HSV mit einem 2:0 über den RSC Anderlecht (Belgien) den Pokal. Den letzten Titel für eine Bundesligamannschaft gewann Werder Bremen 1992 (2:0 gegen AS Monaco).

Im Gegensatz zu den anderen europäischen Wettbewerben wurden im UEFA-Cup bis 1998 zwei Endspiele ausgetragen. 1973 drang Mönchengladbach erstmals ins Finale vor, verlor aber gegen den FC Liverpool. 1975 machten es die Borussen besser und gewannen ihren ersten internationalen Titel, als sie in den Finalspielen den holländischen Klub Twente Enschede mit 0:0 und 5:1 bezwingen konnten.

Wann machten deutsche Klubs den UEFA-Cup unter sich aus?

Sensationell verlief die UEFA-Pokal-Saison 1978/1979: Mit Hertha BSC, MSV Duisburg und Borussia Mönchengladbach erreichten gleich drei deutsche Mannschaften das Halbfinale. Im Endspiel holte sich Gladbach gegen Belgrad den zweiten Titel (1:1, 1:0). Im Jahr darauf standen sogar nur deutsche Mannschaften im Halbfinale: Bayern München verlor gegen Eintracht Frankfurt, Borussia Mönchengladbach gewann gegen den VfB Stuttgart. Das Finale entschieden die Frankfurter mit 2:3 und 1:0 für sich (Frankfurt hatte auswärts ein Tor mehr geschossen).

1988 gab es einen überraschenden Erfolg von Bayer Leverkusen (gegen Espanyol Barcelona 0:3 und 3:0, 3:2 n.E.). 1996 gewann Bayern München mit Trainer Beckenbauer, der kurz zuvor

Wer gewann den letzten Titel im UEFA-Cup?

Letzter deutscher Sieger im Europapokal der Pokalsieger war Werder Bremen 1992. Die von Otto Rehhagel trainierte Mannschaft besiegte AS Monaco mit 2:0. Rechts von Kapitän Mirko Votava (Mitte) zu erkennen: Der heutige Wolfsburger Manager Klaus Allofs.

WELTPOKAL

In dem von 1960 bis 2004 ausgespielten Weltpokal traten der beste Verein Europas (früher der Sieger im Europacup der Landesmeister, später der Sieger der Champions League) und der beste Verein Südamerikas (der Sieger in der Südamerika-Meisterschaft „Copa Libertadores") gegeneinander an. Der Gewinner durfte sich „beste Vereinsmannschaft der Welt" nennen.

1997 gewann Borussia Dortmund den Titel (2:0 gegen Cruzeiro Belo Horizonte), 2001 Bayern München (1:0 gegen Boca Juniors Buenos Aires). Als die Münchner kurz danach in der Bundesliga bei dem damaligen Tabellenletzten mit 1:2 unterlagen, gab es ein neues Wort: Die Sieger, die Kicker vom FC St. Pauli, nannten sich stolz „Weltpokalsiegerbesieger". Der kleine Kultverein aus Hamburg hatte es den großen Bayern mal so richtig gezeigt.

Otto Rehhagel abgelöst hatte, erstmals den UEFA-Pokal. In den Endspielen besiegten die Bayern Girondins Bordeaux mit 2:0 und 3:1. Im Jahr darauf holte sich Schalke 04 (Spitzname: „die Eurofighter") mit einem kampfstarken Team um den Belgier Marc Wilmots den UEFA-Cup im Finale gegen Inter Mailand. Alle Heimspiele gewannen die Schalker „zu Null". Auch im ersten Endspiel gegen Inter siegten die Schalker mit 1:0. Erst im zweiten Endspiel in Mailand gab es ein 0:1. Es kam zur Verlängerung, doch dort fielen keine Tore. Das Elfmeterschießen entschied schließlich Schalke mit 4:1 für sich.

Schalke war damit der letzte deutsche Verein, der den UEFA-Cup gewinnen konnte. Zwar kam Werder Bremen 2008/09 noch einmal ins Endspiel, verlor dort aber 1:2 nach Verlängerung gegen den Klub Schachtar Donezk aus der Ukraine. In der seit 2009/10 durchgeführten Europa League konnten deutsche Vereine bis 2013/14 noch keinen Erfolg erringen.

Was ist die Klub-Weltmeisterschaft?

Seit 2005 gibt es eine offizielle Klub-Weltmeisterschaft, bei der die „beste Vereinsmannschaft der Welt" ermittelt wird. Sie ersetzt den früheren Weltpokal. Bei der Klub-WM treten die Sieger aus den Vereinswettbewerben der sechs Kontinentalverbände (Europa, Südamerika, Nord- und Mittelamerika, Afrika, Asien und Ozeanien) gegeneinander an. Erster deutscher Sieger in diesem Wettbewerb wurde 2013 Bayern München durch ein müheloses 2:0 im Finale gegen den marokkanischen Verein Raja Casablanca.

Nach dem Sieg bei der Klub-WM im Dezember 2013 in Marokko feierten die Spieler des FC Bayern (hier der Brasilianer Dante) in Trikots mit der Aufschrift: „World Champions".

Die besten Vereine Europas

Mit fünf Titeln und zehn Endspielen in der Champions League ist Bayern München einer der erfolgreichsten Vereine Europas. Der Hamburger SV und Borussia Mönchengladbach waren einst Spitzenklasse, heute stehen Borussia Dortmund, Schalke 04 und Bayer Leverkusen auf der internationalen Bühne. Fast immer vorne mit dabei sind die Spitzenvereine aus England, Spanien und Italien. In jüngster Zeit erfolgreich waren zudem der FC Porto aus Portugal und Paris Saint Germain aus Frankreich. Nimmt man die Erfolge in allen Wettbewerben seit 1956, so sind - neben Bayern München - die folgenden acht Vereine die besten Europas:

REAL MADRID (GEGR. 1902)

Real heißt auf Spanisch „königlich". Tatsächlich spielten die Madrilenen oft wie Könige. Von 1956 bis 1960 gewannen sie fünfmal nacheinander den Europapokal der Landesmeister – ein Rekord, der wohl kaum mehr zu übertreffen ist. Angeführt von Alfredo di Stefano, dem argentinischen Regisseur und Torschützenkönig, konnten die Männer in den blütenweißen Trikots einen beispiellosen Sturmwirbel entfachen. Später lief es für die „Königlichen" etwas schlechter. Aufwärts ging es wieder, als der Präsident Florentino Pérez ab 2000 mit vielen Millionen die besten Spieler einkaufte. Das Team mit den Superstars Luis Figo, Zinedine Zidane und Ronaldo ging als „die Galaktischen" in die Fußballgeschichte ein. Auch heute stehen bei Real neben Spitzenkickern wie dem deutschen Nationalspieler Sami Khedira regelmäßig die teuersten Stars wie der portugiesische Weltfußballer Cristiano Ronaldo und der walisische Millionen-Stürmer Gareth Bale unter Vertrag.
Stadion: Santiago Bernabeu (85.454 Plätze)

AC MAILAND (GEGR. 1899)

Der AC Mailand (italienisch „AC Milan") hatte bereits in den 60er Jahren eine starke Mannschaft, darunter den torgefährlichen Stürmer Gianni Rivera und den deutschen Verteidiger Karl-Heinz Schnellinger. Den schönsten und erfolgreichsten Fußball spielten die Mailänder allerdings Ende der 1980er-Jahre. Da hatte der reiche Vereinspräsident Silvio Berlusconi drei Weltklasse-Spieler eingekauft: die Holländer Frank Rijkaard, Ruud Gullit und Marco van Basten. Markenzeichen des Superteams war neben dem technisch hervorragenden Spiel die von Franco Baresi perfekt organisierte Abseitsfalle. Der beliebteste Spieler der Fans war jedoch der Linksverteidiger Paolo Maldini. In seinem 23. Profijahr (!) holte er 2007 für „Milan" den 7. Titel in der Königsklasse. Die bekanntesten Nationalspieler im Kader 2013/14 sind die Italiener Mario Balotelli und Riccardo Montolivo sowie die brasilianischen „Altstars" Kaká und Robinho.
Stadion: Giuseppe Meazza (80.074 Plätze)

AJAX AMSTERDAM (GEGR. 1900)

Der nach dem griechischen Helden Ajax benannte Klub aus Amsterdam gewann von 1971 bis 1973 dreimal in Folge den Landesmeister-Cup. Angeführt wurde die Mannschaft von zwei „Johans": dem schlanken Spielmacher Johan Cruyff und dem bulligen Johan Neeskens. Sie spielten einen neuen Stil, den „totalen Fußball": Wenn Ajax in Ballbesitz war, beteiligten sich alle Spieler, auch die Verteidiger, am Angriff auf das gegnerische Tor. 1973 schossen sie gegen die Bayern im Viertelfinale des Europacups vier Tore. Später hatte Ajax weniger Erfolg, blieb aber für seine Fußballschule berühmt. Bei Ajax und seinem „Farmverein" Ajax Cape Town (Südafrika) ausgebildete Spieler finden sich in vielen Spitzenklubs Europas.
Stadion: Amsterdam-Arena (51.628 Plätze)

FC LIVERPOOL (GEGR. 1892)

Die „Roten" (englisch „Reds") waren zwischen 1976 und 1984 die beste Mannschaft Europas. Ihren ersten Sieg im Cup der Landesmeister erreichten sie 1977 gegen Borussia Mönchengladbach. Mit dabei: der Super-Torwart Ray Clemence und „mighty mouse" Kevin Keegan (der später beim HSV sehr erfolgreich war). Wie alle englischen Mannschaften war Liverpool damals bekannt für sein schnelles, direktes Spiel. So spielen sie auch heute wieder und ge-

Die besten Vereine

langten bis ins Finale der Champions League: 2005 gewannen sie gegen den AC Mailand, 2007 verloren sie gegen denselben Gegner. Danach hat das Team um Kapitän Steven Gerrard und Torjäger Luis Suarez (Uruguay) etwas den Anschluss verloren. Zuletzt traten die „Reds" nur noch in der Europa League an.
Stadion: Anfield (45.362 Plätze)

JUVENTUS TURIN (GEGR. 1897)

Die „alte Dame" Juventus ist ein vornehmer Verein und schon lange erfolgreich. Den europäischen Meistercup gewann der vom Autokonzern Fiat unterstützte Verein erst zweimal und stets waren Franzosen dabei: 1985 der Weltstar Michel Platini, 1996 der spätere Weltmeister Didier Deschamps. Juventus dominiert meist die italienische Liga (29 Meistertitel bis 2013). Die Meisterschaften 2005 und 2006 wurden dem Verein aberkannt, als herauskam, dass einige Siege „gekauft" waren. Trotz der Strafversetzung in die 2. Liga kamen die Turiner rasch wieder auf die Beine. Mit italienischen Nationalspielern wie Torwart Buffon oder Spielmacher Pirlo sowie mit internationalen Stars wie Carlos Tevez (Argentinien) und Arturo Vidal (Chile) eroberte Juve auch 2013/14 die Tabellenspitze in der „Serie A".
Stadion: Juventus Stadium (41.000 Plätze)

FC BARCELONA (GEGR. 1899)

Barcelona, „Barca" genannt, ist in Spanien der große Rivale von Real Madrid. Auch Barcelona gibt viel Geld für Spieler aus: Weltstars wie Johan Cruyff und Diego Maradona spielten hier. Besonders beliebt war der deutsche Mittelfeld-Regisseur Bernd Schuster, genannt der „blonde Engel". Nicht immer hatte Barcelona mit seinen teuren Spielern Erfolg: Ende der 1990er, als fast die gesamte niederländische Nationalmannschaft dort spielte, blieben die großen Triumphe aus. In den letzten Jahren jedoch hat sich Barca, vor allem unter dem (seit 2013 beim FC Bayern tätigen) Trainer Pep Guardiola, zum besten Verein in Europa entwickelt. Mit Mittelfeld-Assen wie Xavi und Iniesta sowie dem vierfachen Weltfußballer Lionel Messi als Torjäger gewann Barca bis 2011 dreimal die Champions League. Ein weiterer Superstar im Kader 2013/14 ist der als „neuer Pelé" gehandelte Brasilianer Neymar.
Stadion: Nou Camp (96.636 Plätze)

INTER MAILAND (GEGR. 1908)

Inter wurde von abtrünnigen Mitgliedern des AC Mailand gegründet und war dann jahrzehntelang erfolgreicher. Die große Zeit des Vereins kam in den 1960er Jahren. Damals hatte die Mannschaft eine sehr starke Abwehr. Unter Trainer Helenio Herrera, dem Erfinder des „Catenaccio", ermauerte man sich 1:0-Siege am Fließband und gewann zwei Europapokale. Später spielten bei Inter viele deutsche „Legionäre", etwa Karl-Heinz Rummenigge, Lothar Matthäus und Jürgen Klinsmann. Meister wurde Inter zuletzt 2010. Im selben Jahr gelang auch der Sieg in der Champions League. Beide Treffer zum 2:0 im Finale gegen den FC Bayern erzielte Diego Milito. 2013/14 stand er als einer von vielen Argentiniern immer noch im Kader. Der bekannteste ist Kapitän Javier Zanetti, mit weit über 800 Einsätzen der Rekordspieler von Inter.
Stadion: Giuseppe Meazza (80.074 Plätze)

MANCHESTER UNITED (GEGR. 1878)

„ManUnited" gewann 1968 als erstes englisches Team den Europapapokal der Landesmeister. Mit dabei waren gleich drei Spieler, die zu „Europas Fußballer des Jahres" gewählt wurden: Bobby Charlton, der Kapitän der englischen Weltmeister-Elf von 1966, sowie George Best und Denis Law. Danach war United lange Zeit sportlich nicht mehr so erfolgreich. Doch weil die Engländer den Fußball (vor allem Fanartikel) gut verkaufen konnten, wurden sie trotzdem zu einem der führenden Klubs der Welt. Erfolgsgarant war der seit 1986 als Trainer tätige Sir Alex Ferguson. Er holte zweimal die Champions League und verabschiedete sich 2013 mit dem 20. Meistertitel des Klubs. Auch der walisische Mittelfeldspieler Ryan Giggs, der bereits 1990 (!) sein Debüt gab, ist ein Dauerbrenner. 2013/14 stand er neben Stürmerstars wie Wayne Rooney und Robin van Persie immer noch auf dem Platz.
Stadion: Old Trafford (76.212 Plätze).

FIFA

Der Weltfußballverband FIFA (Fédération Internationale de Football Association) wurde am 21. Mai 1904 gegründet. In ihm haben sich die nationalen Fußballverbände aller Kontinente zusammengeschlossen. Insgesamt gehören der FIFA 209 Länder an, in denen schätzungsweise 250 Millionen Menschen – darunter 30 Millionen Frauen – organisierten Fußball spielen. Die FIFA ist nicht nur für die Ausrichtung von Weltmeisterschaften zuständig, sondern für alle wichtigen Belange des Weltfußballs.

Die Nationalspieler Rivaldo und Ronaldo (mit Pokal) feiern 2002 den fünften Weltmeistertitel für Brasilien.

Fußball weltweit – Die großen Turniere

Das größte internationale Fußballturnier ist die Fußballweltmeisterschaft, bei der Nationalmannschaften aus 32 Ländern gegeneinander antreten. Die Auswahl der Spieler für das Nationalteam trifft der Nationaltrainer, der vom jeweiligen Landesverband bestimmt wird. In Deutschland ist es der DFB, der den Bundestrainer ernennt. Vor einer Weltmeisterschaft wählt der Bundestrainer aus den Spielern deutscher Staatsangehörigkeit die 23 besten aus. Diese bilden den Kader für die WM.

Um bei einer Weltmeisterschaft antreten zu dürfen, muss sich das Auswahlteam

> **Wer nimmt an der Fußballweltmeisterschaft teil?**

eines Landes aber erst einmal qualifizieren. Auf allen Kontinenten finden vor der WM Qualifikationsspiele statt, in denen die 32 Teilnehmer ermittelt werden. Diese bestreiten dann bei der WM zunächst die Vorrunde, aufgeteilt in acht Gruppen à vier Mannschaften; dabei spielt jeder einmal gegen jeden. Die 16 besten Mannschaften ermitteln im K.o.-System die beiden Finalisten. Der Sieger im Endspiel ist Weltmeister.

Die FIFA hat festgelegt, dass der „Fußballkontinent" Europa die meisten Mannschaften zur WM schicken darf. An der WM 2014 in Brasilien werden 13 Teams aus

© 1974 FIFA TM

FIFA-WM-Pokal

EM-Pokal

Die deutschen Spieler um Teamchef Franz Beckenbauer jubeln über den Gewinn der Weltmeisterschaft 1990. Im Endspiel hatte die deutsche Mannschaft Argentinien mit 1:0 besiegt.

Asienmeister 2011: Japan. Mit dem vierten Titelgewinn ist Japan Rekordhalter.

Was sind Kontinent-meister-schaften?

Neben der Weltmeisterschaft gilt die Europameisterschaft (EM) als der bedeutendste internationale Fußballwettbewerb. Die beiden ersten „Test-Wettbewerbe" 1960 und 1964 wurden noch als „Europapokal der Nationen" bezeichnet. Seit 1968 gibt es eine offizielle EM, die ebenfalls alle vier Jahre jeweils in der Mitte zwischen zwei Weltmeisterschaften ausgetragen wird. Qualifikation und Endturnier der EM sind ähnlich organisiert wie bei der WM. Veranstalter ist der Europäische Fußballverband UEFA.

Vergleichbare Wettbewerbe gibt es inzwischen auf allen Kontinenten. Bereits seit 1916 wird eine Südamerikameisterschaft ausgetragen. Seit 1993 heißt der Wettbewerb, an dem nun auch ein nord- und ein mittelamerikanischer Vertreter teilnehmen, „Copa America". Der Afrika-Nationencup wird seit 1957 im Zwei-Jahres-Rhythmus ausgespielt. Die Asienmeisterschaft findet seit 1954 alle vier Jahre statt, und seit 1973 wird auch in Ozeanien ein „Kontinentmeister" ermittelt.

Europa teilnehmen. Weitere 17 feste Startplätze werden an Südamerika (4 plus Gastgeber Brasilien), Nord- und Mittelamerika (3), Asien (4) sowie Afrika (5) vergeben. Die restlichen zwei Startplätze werden in Play-offs ermittelt: der Fünfte der Südamerika-Qualifikation gegen den Fünften der Asien-Qualifikation, der Vierte der Nord- und Mittelamerika-Qualifikation gegen den Sieger der Ozeanien-Qualifikation.

Die erste offizielle Fußballweltmeisterschaft wurde 1930 in Uruguay veranstaltet. Seitdem fand die WM regelmäßig alle vier Jahre statt, unterbrochen allerdings durch den Zweiten Weltkrieg (die Turniere 1942 und 1946 fielen aus).

JAHRHUNDERTSCHUSS
Aus „unmöglichem Winkel" schoss der Dortmunder Lothar Emmerich bei der WM 1966 im Vorrundenspiel gegen Spanien den Ball ins Netz. Dieser Treffer zum 1:1 (Endstand 2:1) gilt bis heute als eines der spektakulärsten Tore in der Geschichte der deutschen Nationalmannschaft.

Ein gewohntes Bild in den letzten Jahren: Jubelnde Spanier. Nach der EM 2008 und der WM 2010 gewannen sie mit der Europameisterschaft 2012 den dritten Titel in Folge.

Plakat zum olympischen Fußballturnier 1924

BETRUNKENE RUSSEN

In ihren ersten Länderspielen war die deutsche National-mannschaft nur wenig erfolg-reich. Einmal jedoch gelang ihr ein spektakulärer Sieg – allerdings gegen einen Geg-ner, der nicht nüchtern war. Das war bei der Olympiade 1912 in Stockholm. Mit 16:0 schlugen die Deutschen eine russische Mannschaft, die kaum geradeaus laufen konnte: Am Abend zuvor hat-ten beide Teams gemeinsam gefeiert, was die Russen of-fensichtlich weniger gut ver-kraftet hatten. Allein zehn Tore bei diesem bis heute gültigen Rekordsieg gingen auf das Konto von Gottfried Fuchs (Karlsruher FV). Nicht einmal „Bomber" Gerd Müller konnte da später mit-halten. Bei der Weltmeister-schaft 1970 wurde er mit ebenfalls zehn Treffern Tor-schützenkönig, benötigte dafür aber sechs Spiele.

Der erste Wettbewerb, der von der FIFA orga-nisiert wurde und einer Welt-meisterschaft gleichkam, fand im Rahmen der Olympiade 1924 in Paris statt. Die beste Mannschaft waren die Kicker aus Uruguay: Mühelos dribbelten sie sich ins Endspiel, wo sie die Schweiz vor 60 000 Zuschauern mit 3:0 be-siegten. Das Publikum war vor allem von der tänzerischen Eleganz des dunkelhäutigen José Leandro An-drade begeistert. 1928 holten sich die Ballzauberer aus Südamerika

> **Wer war der erste Weltmeister?**

José Leandro Andrade, der Fußballstar aus Uruguay. Er galt in den 1920er-Jahren als bester Fußballspieler der Welt.

ähnlich überlegen ihren zweiten Olympiasieg.

Nicht zuletzt wegen dieser Erfol-ge durfte Uruguay im Jahr 1930 die erste Weltmeisterschaft ausrichten. Doch mit der Begründung, dass die Reise zu weit und das Klima zu un-gewohnt sei, blieben viele europäi-sche Mannschaften dem Turnier fern. Nur Belgier, Rumänen, Franzosen

Das Maracana-Stadion in Rio de Janeiro – Schauplatz des zweiten WM-Siegs von Uruguay

und Jugoslawen reisten per Schiff über den Atlantik. Die Südamerika-ner blieben daher nahezu konkur-renzlos. Angeführt von dem überra-genden Andrade entschied Uruguay vor 100 000 Zuschauern das Finale in Montevideo mit 4:2 für sich.

20 Jahre später, bei der WM 1950, hatte Uruguay wieder eine starke Mannschaft und wurde zum zweiten Mal Weltmeister. Den entscheidenden 2:1-Sieg gegen Brasilien, den Gast-geber der WM, sahen rund 200 000 Zuschauer – bis heute der Zuschauer-rekord bei einem WM-Spiel. Uruguay war nach Italien der zweite Doppel-weltmeister in der WM-Geschichte.

Das erste Länderspiel einer deut-schen National-elf fand am 5. April 1908 in Basel statt. Der Gegner war die Schweiz, die damals nicht zu den überragenden Mannschaften zählte. Trotzdem ver-lor Deutschland mit 3:5. Auch in den folgenden Länderspielen lehrte die deutsche Nationalmannschaft ihre Gegner nicht gerade das Fürch-ten. Immer wieder gab es ernüch-ternde Niederlagen, so zum Beispiel ein 0:9 in Oxford gegen England.

> **Wer war der erste Gegner der deutschen Nationalelf?**

In den folgenden Jahren steiger-te sich die Nationalelf allmählich – vor allem seit 1926, als Otto Nerz DFB-Trainer wurde und Superstür-mer Richard Hoffmann die Tore schoss. Der häufigste Gegner war die Schweiz, gegen die man nun immer wieder relativ leichte Siege erringen

Die deutsche Nationalelf, die 1928 gegen Uruguay 1:4 verlor. In dem harten Spiel stellte der ägyptische Schiedsrichter beide Kapitäne, Kalb und Nasazzi, vom Platz.

konnte. Bei der Olympiade 1928 in Amsterdam gab es nach einem 4:0-Erfolg über das Schweizer Team zwar einen deutlichen Dämpfer gegen das starke Uruguay (1:4). Doch sechs Jahre später, bei der WM in Italien, sah es für die Deutschen schon viel besser aus. Nach überzeugenden Siegen gegen Belgien und Schweden kam das Aus erst im Halbfinale gegen die Tschechoslowakei. Durch ein 3:2 über Österreich konnte man sich einen respektablen dritten Platz sichern. Weltmeister wurde Gastgeber Italien.

Bei der Olympiade 1936 schied Deutschland mit einem enttäuschenden 0:2 gegen Norwegen aus. Das Jahr 1937 ließ sich dagegen gut an: Mit einem 8:0-Sieg über Dänemark in

Bester Schweizer im Spiel von 1938 war Alfred Bickel: Er lieferte die Vorlagen für die Tore von „Trello" Abegglen.

Breslau startete die Nationalelf eine Serie von sechs Siegen (25:2 Tore). Leider durfte diese tolle „Breslau-Elf" bei der WM 1938 in Paris aber nicht antreten. Im März 1938 war Österreich dem Deutschen Reich angegliedert worden. Der neue Bundestrainer Sepp Herberger, Nachfolger von Otto Nerz, wurde nun dazu verpflichtet, auch österreichische Spieler ins deutsche Nationalteam aufzunehmen. Er bildete eine Mannschaft aus sechs Deutschen und fünf Österreichern. Diese „großdeutsche" Elf konnte am 4. Juni 1938 bei der WM in Paris aber nur ein mageres 1:1 gegen die Schweiz erzielen. Im Wiederholungsspiel fünf Tage später ging sie zwar mit 2:0 in Führung, doch dann stürmten nur noch die Schweizer. Am Ende hieß es 2:4 – die „großdeutsche" Elf war bereits in der Vorrunde ausgeschieden. Weltmeister wurde erneut Italien.

Preis 20 Cts.

Offizielles Programm
herausgegeben von der
Schweiz. Fussball-Association
Vorort Basel.

Internationaler Match
die 11 besten Spieler von

Deutschland
gegen
die 11 besten Spieler der

Schweiz

Sonntag, den 5. April 1908, Beginn 3 Uhr
auf dem Landhof
(Tramhaltestelle: Bad. Bahnhof und Riehenstrasse)

EINTRITT: Tribüne Fr. 3.—
I. Platz „ 2.—
II. Platz „ 1.—

Programm zum ersten Länderspiel Deutschland – Schweiz am 5. April 1908. Die Bilanz gegen die Schweiz bis 2001: 47 Spiele, davon 33 Siege, 6 Unentschieden, 8 Niederlagen. Torverhältnis: 126:59

Vor dem Anpfiff des ersten Spiels der „großdeutschen" Nationalmannschaft bei der WM 1938 gegen die Schweiz: Spielführer Hans Mock (Austria Wien, links) mit dem belgischen Schiedsrichter Langenus und dem Schweizer Kapitän Severino Minelli

COUPE DU MONDE 1938

So schlug der Ball zum 3:2 von Helmut Rahn ein.

FUSSBALL IN RADIO UND FERNSEHEN

Millionen Deutsche saßen 1954 vor dem Radiogerät, um den WM-Sieg der Nationalmannschaft zu verfolgen. Die Weltmeisterschaft von Fritz Walter & Co. war aber nicht nur ein Höhepunkt der Radioübertragung, sondern auch ein Meilenstein in der Geschichte des Fernsehens. Sepp Herbergers Nationalspieler hatten dafür gesorgt, dass sich der Verkauf von Fernsehgeräten in der Bundesrepublik um sage und schreibe 50 Prozent steigerte. Die erste richtige „Fernseh-WM" mit Millionen von Zuschauern war aber erst das Turnier 1970 in Mexiko. Erstmals konnten die Fans nun auch in Farbe Fußball gucken.

> **Was war das „Fußballwunder" von 1954?**

In den Jahren 1942 und 1946 fanden wegen des Zweiten Weltkriegs keine Weltmeisterschaften statt. Bei der ersten Nachkriegs-WM 1950 in Brasilien durfte die Nationalmannschaft der neu gegründeten Bundesrepublik Deutschland (BRD) noch nicht teilnehmen. Erst 1954 in der Schweiz war die Elf von Sepp Herberger dabei.

Als haushoher Favorit für das Turnier wurden die Ungarn gehandelt, die zu dieser Zeit als weltbeste Mannschaft galten. Seit 1950 waren sie ungeschlagen, unter anderem hatten sie die Engländer in London

Die Kapitäne Fritz Walter (links) und Ferencz Puskás am 4. Juli 1954 vor dem Anpfiff im Berner Wankdorfstadion.

mit 6:3 besiegt. Bei der WM 1954 stellte der ungarische „Wundersturm" – Czibor, Kocsis, Hidegkuti und Puskás – seine Klasse auch im Vorrundenspiel gegen die BRD mit einem überwältigenden 8:3-Sieg unter Beweis. Erwartungsgemäß gelangten die Ungarn ins Endspiel. Dass sie dort wieder auf die Deutschen trafen, war schon eine kleine Sensation. Doch die Elf von Sepp Herberger hatte sich gesteigert und vor allem im Halbfinale beim 6:1 gegen Österreich eine überzeugende Leistung geboten.

Im Finale am 4. Juli im Berner Wankdorfstadion bestätigten die Ungarn zunächst ihre Favoritenrolle. Sie legten los wie die Feuerwehr und lagen bereits nach wenigen Minuten mit 2:0 in Führung. Dann aber gelang Max Morlock in der 10. Minute der Anschlusstreffer zum 1:2. Die deutschen Spieler bekamen wieder Mut, erzielten durch Helmut Rahn den Ausgleich. Nun wurde es immer spannender. Millionen deutscher Hörer zitterten mit dem Reporter

Herbert Zimmermann, der das Endspiel live im Radio übertrug: „Sechs Minuten noch im Wankdorfstadion in Bern. Keiner wankt, der Regen prasselt unaufhörlich hernieder … Jetzt Deutschland am linken Flügel, durch Schäfer. Schäfers Zuspiel zu Morlock wird von den Ungarn abgewehrt. Und Bozsik, immer wieder Bozsik, der rechte Läufer der Ungarn, am Ball. Er hat den Ball verloren, diesmal gegen Schäfer. Schäfer nach innen geflankt. Kopfball! Abgewehrt! Aus dem Hintergrund müsste Rahn schießen! Rahn schießt – Tooor, Tooor, Tooor, Tooor! Tor für Deutschland! Linksschuss von Rahn! … 3:2 für Deutschland fünf Minuten vor dem Spielende." Dabei blieb es. Der Außenseiter Deutschland war Weltmeister: Das „Wunder von Bern" war perfekt!

Brasilien trat zur WM 1958 in

┌─ ─ ─ ─ ─ ─ ┐
│ **Wie wurde** │
│ **Brasilien zur** │
│ **besten Fuß-** │
│ **ballnation?** │
└─ ─ ─ ─ ─ ─ ┘

Schweden mit einer sehr guten Mannschaft und einem neuen Spielsystem (4-2-4) an. Vor einer Vierer-Abwehrreihe spielten die laufstarken Mittelfeldspieler Didi und Orlando und setzten mit schnellen und direkten Vorlagen die Stürmer Garrincha, Pelé, Vavá und Zagalo ein. Alle Brasilianer zeigten eine Begabung im Umgang mit dem Ball, wie man sie in Europa bis dahin noch nicht gesehen hatte. Im Vergleich zu den südamerikanischen Fußballkünstlern wirkten die Europäer wie schwerfällige Holzfäller.

Im Gruppenspiel gegen die damalige Sowjetunion kam der gerade 17-jährige Pelé erstmals zum Einsatz. Obwohl ihm da noch kein Treffer gelang, meinten die Kommentatoren, dieser Junge zeige „Fußball von einem anderen Stern". Im Viertelfinale gegen Wales, im Halbfinale gegen Frankreich und im Finale gegen Schweden stellte er dann auch seine überragenden Qualitäten als Torschütze unter Beweis. Von elf brasilianischen Toren gingen allein sechs auf das Konto des Superstürmers.

Die Mannschaft der Brasilianer war so überlegen, dass sie ihren Titel vier Jahre später auch ohne den verletzten Pelé verteidigen konnte. Für die entscheidenden Tore sorgte diesmal der Dribbler Garrincha. Ganz so berauschend wie vier Jahre zuvor spielten die Brasilianer allerdings nicht mehr. 1966, bei der WM in England, verloren sie in der Vorrunde mit 1:3 gegen die „brasilianisch" aufspielenden Portugiesen. Doch 1970, bei der WM in Mexiko, fand die brasilianische Elf, diesmal wieder angeführt von Pelé, zu ihrer alten Stärke zurück. Souverän spielte sie sich ins Finale und gewann dort gegen Italien ebenso überlegen mit 4:1.

Pelé jubelt nach einem Treffer, den er bei der WM 1970 in Mexiko erzielte.

JAHRHUNDERTTOR

Im Endspiel der WM 1958 gegen Schweden stoppte Pelé, mit dem Rücken zum Tor stehend, einen hoch heranfliegenden Ball so sanft mit dem Oberschenkel, dass er dort ganz ruhig liegen blieb. Dann ließ er den Ball über das Schienbein zum Fuß hinuntergleiten, lupfte ihn sich selbst und den heranstürmenden Gegnern über den Kopf, drehte sich im selben Augenblick um und schoss, noch ehe der Ball den Boden berührt hatte – ins Tor!

Brasiliens Garrincha („Paradiesvogel") begeisterte die Zuschauer bei der WM 1962 mit Dribblings und Toren. Stets gelang es ihm, gleich mehrere Spieler des Gegners zu beschäftigen.

Regisseur Günter Netzer auf dem Weg zum Europa-meistertitel 1972

JAHRHUNDERTSPIEL

Vor dem Aztekenstadion in Mexiko City steht eine Gedenktafel mit der Aufschrift: „Hier fand am 17. Juni 1970 das denkwürdige Spiel zwischen Italien und Deutschland statt." Selten war ein WM-Halbfinale so spannend. Es war ein glühend heißer Tag. Das 1:0 für Italien erzielte Boninsegna, dann berannten die Deutschen pausenlos das Tor von Albertosi. In der letzten Minute grätschte Karl-Heinz Schnellinger in eine Flanke von Jürgen Grabowski (Bild) – 1:1, Verlängerung. Nun ging es Schlag auf

Schlag: 2:1 durch Gerd Müller (95. Minute), vier Minuten später ein Freistoß der Italiener zum 2:2. Kurz vor dem Seitenwechsel erhöht Riva auf 3:2. Doch die Deutschen stürmen weiter, und in der 109. Minute gelingt Müller per Kopf das 3:3. Wenig später erneut ein Konter der Italiener: Boninsegna passt auf Rivera, Schuss – 4:3 für Italien! Deutschland hatte das dramatischste Spiel der WM-Geschichte verloren.

Bei den Weltmeisterschaften nach 1954 bot die deutsche Nationalmannschaft zwar gute Leistungen, der ganz große Erfolg jedoch blieb ihr versagt. 1958 war das Halbfinale Endstation, 1962 das Viertelfinale. 1966 gelangte die mittlerweile von Helmut Schön trainierte Elf sogar bis ins Endspiel, wo sie England im Londoner Wembley-Stadion mit 2:4 unterlag. Spielentscheidend war das umstrittene dritte Tor der Engländer, das sogenannte „Wembley-Tor". 1970 gab sich die deutsche Mannschaft erneut erst im Halbfinale geschlagen. Im „Jahrhundertspiel" gegen Italien verlor das mit zwei Mittelstürmern (Uwe Seeler und Gerd Müller) angetretene Team mit 3:4.

> **Wie wurde Deutschland Doppel-weltmeister?**

Der heiß ersehnte zweite Titelgewinn gelang der Bundesrepublik erst 1974, als die WM in Deutschland stattfand. Das Turnier begann für die BRD-Elf sehr mäßig. In der Vorrunde musste sie erst einmal eine 0:1-Niederlage im „deutsch-deutschen Duell" gegen die DDR einstecken. Nachdem Kapitän Beckenbauer die enttäuschte Mannschaft wieder aufgerichtet hatte, erzielte

sie überzeugende Siege gegen das damalige Jugoslawien, Schweden und Polen. Im Endspiel traf sie dann auf das starke Team der Niederländer, das vom besten Spieler dieser Zeit, Johan Cruyff, angeführt wurde.

Trotz eines 0:1-Rückstandes nach einem Elfmeter von Neeskens ließ sich die deutsche Mannschaft nicht aus der Ruhe bringen. Paul Breitner gelang ebenfalls per Elfmeter der Ausgleich, dann erzielte Gerd Müller kurz vor dem Halbzeitpfiff auf Flanke von Bonhof das 2:1. In der zweiten Halbzeit stürmten nur noch die Niederländer, doch ein Treffer gelang ihnen nicht mehr. Nach Uruguay, Italien und Brasilien hatte es nun auch Deutschland geschafft, den Gewinn des WM-Titels zu wiederholen.

Zur Weltmeisterschaft 1974 war die Mannschaft von Bundestrainer Schön als Favorit ins Turnier gegangen. Schon in den Jahren zuvor hatte sie den europäischen Fußball auf imponierende Weise beherrscht. Geradezu triumphal verlief die Europameisterschaft 1972. Im Viertelfinale schalteten Beckenbauer und Co. zunächst England aus. Das war damals eine Sensation, denn das 3:1 im Wembley-Stadion war der erste Sieg einer deutschen Mannschaft auf englischem Boden überhaupt. Im Halbfinale gab es ein müheloses 2:1 gegen Belgien, und im Endspiel wurde schließlich die Sowjetunion mit 3:0 an die Wand gespielt.

> **Wer bildete das „Dream Team" des deutschen Fußballs?**

Diese Nationalelf von 1972 gilt vielen noch heute als beste deutsche Mannschaft aller Zeiten. Angeführt von den genialen Technikern Franz Beckenbauer und Günter Netzer, die sich im Spielaufbau abwechselten und für den Gegner kaum auszurechnen waren, bot sie einen geradezu künstlerischen Fußball. So etwas hatte man bis dahin von deutschen Fußballern noch nicht gesehen.

Auch bei der EM 1976 konnte die deutsche Mannschaft mit guten Leistungen

Der langjährige Kapitän der Nationalelf, Karl-Heinz Rummenigge (Europameister 1980 und Vizeweltmeister 1982 und 1986)

aufwarten. Das Endspiel gegen die Tschechoslowakei ging erst im Elfmeterschießen verloren, als der heutige Bayern-Präsident Uli Hoeneß den Ball in den Nachthimmel schoss.

Bei der WM 1978 in Argentinien

> **Warum war die deutsche Nationalelf gefürchtet?**

blamierte sich die deutsche Elf, als sie in der zweiten Finalrunde mit 2:3 gegen Österreich scheiterte. Doch in den Jahren danach war sie wieder erfolgreich. 1980 wurde sie Europameister, 1982 in Spanien und 1986 in Mexiko jeweils Vize-Weltmeister. Nachdem sie 1990 in Italien erneut im Endspiel stand, meinte Gary Lineker, ein Spieler der im Halbfinale unterlegenen

englischen Mannschaft: „Fußball ist, wenn 22 Mann spielen, und am Ende gewinnt immer Deutschland."

Die deutsche Nationalelf spielte in diesen Jahren nicht besonders schön. Aber sie hatte den Ruf, sich im Laufe eines Turniers zu großen Leistungen steigern zu können. Oft war sie in der Lage, durch Willenskraft, Nervenstärke und Durchhaltevermögen ein Spiel auch dann noch zu gewinnen, wenn es bereits verloren schien.

Das deutsche Team nach dem Gewinn des WM-Titels 1974.
Hinten (v.l.n.r.): Flohe, Müller, Grabowski, Breitner, Schwarzenbeck, Mannschaftsarzt Dr. Heß, Cullmann. Vorn (v.l.n.r.): Heynckes, Bonhof, Bundestrainer Schön, Beckenbauer, Hölzenbein, Vogts, Overath. Im Endspiel dabei, aber nicht im Bild: Maier und Hoeneß

Rudi Völler im Duell mit Ruud Gullit (Niederlande) im Halbfinale der Europameister-schaft 1988. Deutschland verlor mit 1:2.

Andreas Brehme, Jürgen Klinsmann, Rudi Völler, Stefan Reuter und Pierre Littbarski (von links) feiern ihren 1:0-Sieg über Argentinien im Endspiel der WM 1990.

In den insgesamt sieben Spielen der WM 1990 siegte die deutsche Mannschaft nicht nur, sie zeigte auch schönen Fußball. Guido Buchwald war der überragende Abwehrspieler des ganzen Turniers, Lothar Matthäus, der nach der WM zum Weltfußballer des Jahres gewählt wurde, ein unermüdlicher Antreiber im Mittelfeld. In der Offensive – meist stürmten Rudi Völler, Jürgen Klinsmann und Pierre Littbarski – war Deutschland mit 155 Torschüssen und 15 Toren die mit Abstand beste Mannschaft.

> **Wann täuschte sich Teamchef Beckenbauer?**

Nach dem verdienten 1:0-Sieg über Maradonas Argentinier im Finale verkündete Teamchef Franz Beckenbauer: „Es tut mir leid für den Rest der Welt, aber diese Mannschaft wird auf Jahre hinaus nicht zu schlagen sein." Doch er sollte sich täuschen. Bei der EM 1992 in Schweden wurde zwar der Freistoßspezialist Thomas Häßler zum besten Spieler des Turniers gewählt. Aber das Finale gegen die Überraschungsmannschaft aus Dänemark ging mit 0:2 verloren. Bei der WM 1994 in den USA war bereits das Viertelfinale Endstation (1:2 gegen Bulgarien). Weltmeister wurde zum vierten Mal Brasilien.

1996 gelang der deutschen Elf noch einmal ein großer Erfolg: Bei der EM in England holte sie sich mit einem 2:1 gegen Tschechien den dritten Europameistertitel. Spielerisch war die Mannschaft von Trainer Berti Vogts nicht unbedingt das beste Team. Aber sie hatte einen Supertorwart (Andreas Köpke), einen Kapitän (Matthias Sammer), der alle anderen mitreißen konnte, und einen Stürmer (Oliver Bierhoff), der die entscheidenden

> **Wann gewann Deutschland zum dritten Mal die EM?**

Die französischen Nationalspieler Emmanuel Petit und
Patrick Vieira umarmen sich
nach dem Sieg über Brasilien
im Endspiel 1998. Star der WM
war Zinedine Zidane (rechts).

GOLDEN GOAL UND SILVER GOAL

Tore machte. Ganz Deutschland jubelte. Doch bei der WM 1998 in Frankreich folgte wieder ein herber Tiefschlag: Im Viertelfinale gegen Kroatien ging das mutlos wirkende Team von Berti Vogts nach einem Platzverweis gegen Christian Wörns mit 0:3 förmlich unter. Der ganz tiefe Fall kam bei der EM 2000 in den Niederlanden und Belgien. Ein Unentschieden (gegen Rumänien 1:1) und zwei Niederlagen (gegen England 0:1 und gegen Portugal 0:3) in der Vorrunde bedeuteten das schlechteste Abschneiden einer deutschen Nationalmannschaft bei einem internationalen Turnier.

etwa stammte ursprünglich aus Guadeloupe, Patrick Vieira aus Senegal, Marcel Desailly aus Ghana.

Taktisch hervorragend eingestellt, gewannen die Franzosen 1998 das Weltmeisterschafts-Endspiel gegen den Titelverteidiger Brasilien klar mit 3:0. Zum Star der WM wurde der aus Algerien stammende Zinedine Zidane. Zwei Jahre später sicherte sich Frankreich dann auch noch den Titel des Europameisters mit einem 2:1-Finalsieg gegen Italien.

Bei den großen Turnieren galt von 1996 bis 2002 die Regel des „Golden Goal" (goldenes Tor): Ein Spiel war in der Verlängerung sofort entschieden, wenn eine Mannschaft einen Treffer erzielte. Bei der EM 2004 galt die Regel des „Silver Goal": War eine Entscheidung in den ersten 15 Minuten der Verlängerung gefallen, wurde das Spiel nach Ablauf dieser Zeit beendet. Bei Gleichstand ging es in die zweite

Das erste Golden Goal schoss Oliver Bierhoff. In der 95. Minute des EM-Finales 1996 gegen Tschechien gelang ihm das entscheidende 2:1. Matthias Sammer und Andreas Köpke jubeln über den EM-Sieg.

> **Wer waren die Stars der WM von 1998?**

Bei der WM 1998 spielte nicht Brasilien, sondern das multikulturelle französische Nationalteam den besten Fußball. Leistungsträger dieser Mannschaft waren neben gebürtigen Franzosen wie Emmanuel Petit auch viele eingebürgerte Spieler. Lilian Thuram

Hälfte der Verlängerung; stand es dann immer noch unentschieden, folgte ein Elfmeterschießen. Seit der WM 2006 wird wieder eine Verlängerung von 2 x 15 Minuten gespielt.

Oliver Kahn war der Pechvogel der WM 2002. Seine glänzenden Paraden verhalfen der deutschen Elf ins Endspiel, doch dann patzte der beste Torhüter der WM ausgerechnet beim Finale.

deutsche Mannschaft eine sehr gute Leistung. Aber dann unterlief ausgerechnet dem bis dahin überragenden Oliver Kahn der einzige Fehler während des ganzen Turniers. Er konnte einen Schuss nicht festhalten, und Ronaldo schoss den Abpraller ins Tor. Nach dem zweiten Treffer Ronaldos war das Spiel dann entschieden.

ERFOLGREICHES TEAM

Nach der enttäuschenden EM 2004 wurde Jürgen Klinsmann Bundestrainer. Unterstützung erhielt er durch seinen Co-Trainer Jogi Löw und Manager Oliver Bierhoff. Klinsmann sorgte unter anderem mit der Einführung neuer Trainingsmethoden für viel Schwung. Sein Versprechen: Die Nationalelf werde ihre Fans bei der WM 2006 in Deutschland mit offensivem und schönem Spiel begeistern. Dies gelang, dennoch verlängerte Klinsmann seinen Vertrag nach der WM nicht. Neuer Bundestrainer wurde im Juli 2006 Jogi Löw.

Jürgen Klinsmann und Jogi Löw singen die Nationalhymne.

Vor der WM 2002 in Japan und Südkorea waren die Erwartungen an die deutsche Nationalelf nicht besonders hoch.

> **Was geschah im Endspiel der WM 2002?**

Nach einigen Pleiten – am schlimmsten war ein 1:5 gegen England – hatte sie sich nur ganz knapp in zwei Relegationsspielen gegen die Ukraine qualifiziert. Doch dann überraschte sie beim WM-Turnier mit einer Leistung, die niemand erwartet hätte: Stürmer Miroslav Klose glänzte als Torjäger, Torwart Oliver Kahn war schier unüberwindlich, und im Mittelfeld überzeugte Michael Ballack mit Klasse-Leistungen. Nach drei 1:0-Siegen in der Endrunde – gegen Paraguay im Achtelfinale, gegen die USA im Viertelfinale und gegen Südkorea im Halbfinale – zog die Elf von Teamchef Rudi Völler ins Endspiel gegen Brasilien ein.

Auch ohne Michael Ballack, der wegen einer Gelbsperre nicht hatte antreten dürfen, zeigte die

Bei der Europameisterschaft 2004 in Portugal gewann mit dem von Otto Rehhagel trainierten Griechenland ein

> **Wer wurde 2004 Europameister?**

krasser Außenseiter den Titel. Das schwach spielende deutsche Team war schon nach der Vorrunde ausgeschieden. Teamchef Rudi Völler gab enttäuscht seinen Rücktritt bekannt. Seine Nachfolge trat der ehemalige Torjäger Jürgen Klinsmann an.

Vor dem WM-Turnier im eigenen Land hatte die deutsche Nationalelf eine Reihe schwacher Spiele gezeigt.

> **Wie verlief die WM 2006 in Deutschland?**

Niemand traute ihr viel zu. Doch während der große Favorit, Titelverteidiger Brasilien, bereits im Viertelfinale mit einem 0:1 gegen Frankreich ausschied, konnte die von Bundestrainer Jürgen Klinsmann toll vorbereitete deutsche Mannschaft ihre Fans begeistern.

„DEUTSCHLAND. EIN SOMMERMÄRCHEN", so lautete der Titel eines Dokumentarfilms von Regisseur Sönke Wortmann, der die deutsche Nationalmannschaft während der WM mit der Kamera begleitet hatte. Der Film zeigt, dass die abgeschottete Mannschaft von den Freudenfeiern der Fans eigentlich nicht viel mitbekam. Deutlich wird auch, dass es unter den Trainern eine Arbeitsteilung gab: Der feurige Jürgen Klinsmann spornte die Spieler immer wieder an, der ruhige Jogi Löw sorgte für die richtige taktische Einstellung.

In den Gruppenspielen siegte sie mit schönem Angriffsfußball gegen Costa Rica (4:2), Polen (1:0) und Ecuador (3:0). In der K.o.-Runde folgten ein 2:0 gegen Schweden und ein 4:2 nach Elfmeterschießen gegen Argentinien. Das Aus kam erst im Halbfinale gegen die gewieften Italiener, die das Spiel in der Verlängerung mit 2:0 für sich entschieden.

Im Endspiel traf Italien auf Frankreich, das sich im Halbfinale mit einem matten 1:0 gegen Portugal durchgesetzt hatte. Frankreich ging früh in Führung, doch Italien konnte kurz darauf ausgleichen. Die Verlängerung, in der Frankreichs Weltstar Zinedine Zidane wegen eines Kopfstoßes gegen den Italiener Materazzi vom Platz gestellt wurde, blieb torlos. Italien wurde schließlich per Elfmeterschießen (5:3) zum vierten Mal Weltmeister. Deutschland belegte mit einem 3:1-Sieg gegen Portugal den dritten Platz.

Auf den Zuschauerrängen herrschte vier Wochen lang bei prächtigem Wetter helle Begeisterung. Nicht nur die Stadien waren immer voll – in vielen Städten verfolgten Millionen gut gelaunter Menschen die Spiele auf Großbildleinwänden.

Im Ausland war man überrascht, dass die zuvor als eher steif und griesgrämig geltenden Deutschen so toll feiern konnten. Mit Erstaunen wurde bemerkt, dass die deutschen Fans nicht nur ihr eigenes Team anfeuerten, sondern auch ausgelassen mit den zahlreich angereisten Gästen aus aller Welt jubelten. Die Weltmeisterschaft 2006 war eine Werbung für friedliche Fußballfeste und ein fröhliches Deutschland.

Jubel nach Lahms Tor zum 1:0 gegen Costa Rica. Von links: Klose, Schneider, Lahm, Schweinsteiger

Jürgen Klinsmann in der Kabine (Ausschnitt aus „Deutschland. Ein Sommermärchen")

TIQUI-TACA

Verantwortlich für den Erfolg der Spanier war ihr rasantes Kurzpass-Spiel im Mittelfeld, („Tiqui-Taca"). Wie eine Flipperkugel ließen sie den Ball durch ihre Reihen flitzen. Neben dem zum besten Turnierspieler gewählten Xavi wurden mit Senna, Fàbregas und Iniesta noch drei weitere spanische Mittelfeldspieler ins „Allstarteam" der Euro 2008 gewählt. Auch im Angriff war Spanien mit Fernando Torres und David Villa (mit vier Treffern Torschützenkönig der EM) die beste Mannschaft des Turniers.

Finale der EM 2008: Bastian Schweinsteiger im Zweikampf mit Andrés Iniesta

Wer war das beste Team bei der EM 2008?

Die Endrunde der 13. Europameisterschaft wurde in Österreich und der Schweiz ausgetragen. Beide Gastgeber kamen zur Enttäuschung ihrer Fans nicht über die Gruppenphase hinaus.

Die deutsche Mannschaft unter Bundestrainer Jogi Löw schaffte es nach einer 1:2-Niederlage gegen Kroatien nur knapp ins Viertelfinale. Dort schlug das deutsche Team die Portugiesen mit 3:2. Im Halbfinale war man in einem spannenden Spiel gegen die Türkei mit 3:2 erfolgreich. Im Endspiel traf die deutsche Mannschaft auf die bis dahin noch ungeschlagenen Spanier, die auf dem Weg ins Finale bereits die spielstarken Teams der Italiener und Russen ausgeschaltet hatten.

Die Spanier, bereits vor der EM 16-mal in Folge unbesiegt, galten als klarer Favorit. Tatsächlich hatte Deutschland im Finale von Wien kaum eine Chance. Spanien gewann

verdient mit 1:0 und errang damit zum zweiten Mal nach 1964 den Europameistertitel. Mit diesem Sieg, dem sechsten in Folge bei der Endrunde der WM, stellten die Spanier zudem einen neuen Rekord auf.

Michael Ballack (links) öffnete Deutschland mit dem Tor zum 1:0 im letzten Gruppenspiel gegen Österreich den Weg ins Viertelfinale.

Wie begeisterte Deutschland bei der WM 2010?

Mit einem 4:0 gegen Australien startete die deutsche Elf toll in die Vorrunde der WM in Südafrika. Doch danach folgte eine bittere 0:1-Niederlage gegen Serbien. Durch ein knappes 1:0 gegen Ghana qualifizierte sich das im 4-2-3-1-System angetretene Team von Jogi Löw dann für die Endrunde, in der es begeisternd aufspielte. Vor der Abwehr-Viererkette bauten Schweinsteiger und Khedira das Spiel auf, Özil zeigte im zentralen Mittelfeld zielgenaue Pässe, Podolski (links) und Müller (rechts) sprinteten in die Lücken, und ganz vorn lauerte Klose. Das Ergebnis: tolle Ballstafetten und die höchsten Siege aller Zeiten gegen zwei Fußball-Großmächte.

Im Achtelfinale gewann Deutschland gegen den alten Rivalen Eng-

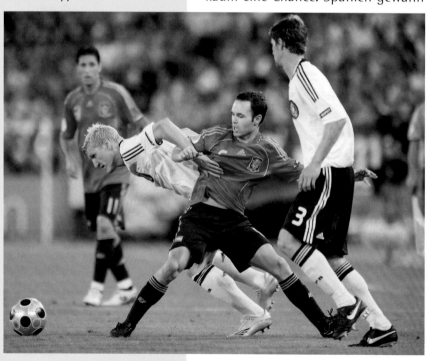

land mit 4:1. Nach dem frühen 1:0 durch Klose und dem 2:0 durch Podolski traf der pfeilschnelle Thomas Müller gleich zweimal. Trotz des deutlichen Erfolges war aber auch ein wenig Glück dabei: In der ersten Halbzeit war ein Schuss der Engländer von der Latte abgeprallt, der Ball war hinter der Torlinie aufgekommen, aber der Schiedsrichter hatte den Treffer nicht gegeben. Im Viertelfinale erzielte die erneut schnell und sicher kombinierende deutsche Elf abermals vier Treffer, diesmal gegen den Mitfavoriten Argentinien. Wie schon gegen England fiel das erste Tor sehr früh, der Torschütze war Müller. Zweimal Klose und der Verteidiger Friedrich erhöhten auf 4:0.

Torjubel bei Thomas Müller, Sami Khedira und Mesut Özil im Achtelfinale gegen England 2010

Der Gegner im Halbfinale war

┌─ ─ ─ ─ ─ ─ ┐
│ **Wann schlägt** │
│ **Deutschland** │
│ **Spanien?** │
└─ ─ ─ ─ ─ ─ ┘

derselbe wie im EM-Finale von 2008: Spanien. Wieder verlor Deutschland mit 0:1, und wieder war die Niederlage verdient. Die Spanier zogen vom Anpfiff an ein überlegenes Pass-Spiel auf. Wenn die deutschen Spieler einmal den Ball erobert hat-

ten, verloren sie ihn meist gleich wieder. So konnten sie kaum einmal einen gefährlichen Angriff aufbauen. Die ballsicheren Spanier hingegen kamen mit schnellen Kombinationen immer wieder vor das deutsche Tor. In der zweiten Hälfte brachte ein Eckball, den der spanische Innenverteidiger Carles Puyol mit dem Kopf verwandelte, die Entscheidung.

Im Finale traf Spanien auf Holland. Erst kurz vor Ende der Verlängerung erzielte Iniesta gegen die hart zur Sache gehenden Niederländer das Siegtor. Deutschland wurde mit einem Sieg über Uruguay Dritter.

BUNT GEMISCHT

Die deutsche Mannschaft, die in Südafrika so tollen Fußball zeigte, war nicht nur besonders jung, sondern auch bunt gemischt: Elf der 23 Fußballer im deutschen WM-Kader hatten einen „Migrationshintergrund". Mesut Özils Großeltern etwa wanderten aus der Türkei ein, die Väter von Sami Khedira, Jerome Boateng und Mario Gomez stammen aus Tunesien, Ghana bzw. Spanien. Das zeigt, wie international Deutschland und sein Fußball heute sind.

Xavi mit Pokal: Bei der WM 2010 holte Spanien zum ersten Mal den Weltmeistertitel.

POLNISCHE WURZELN

Viele polnische Fans drückten beim Halbfinale Deutschland-Italien in Warschau dem deutschen Team die Daumen. Der Grund: Zwei der bekanntesten deutschen Nationalspieler, Miroslav Klose und Lukas Podolski, sind in Polen geboren. Beide haben die doppelte Staatsbürgerschaft und hätten auch für ihr Geburtsland antreten können. Was nur wenige wissen: Einer der besten Torschützen der deutschen Nationalelf, Ernst Willimowski, hat tatsächlich für beide Nationen gespielt. 1941/42 erzielte er in acht Spielen für den DFB 13 Tore. Zuvor hatte er als polnischer Nationalspieler (Ernest Wilimowski) von 1934 bis 1939 in 22 Spielen 21-mal getroffen.

Halbfinale EM 2012: Ein Bild, das um die Welt ging: Italiens Stürmerstar Mario Balotelli in Siegerpose nach seinem zweiten Treffer gegen Deutschland. Philipp Lahm ist geknickt.

Jubel nach dem Siegtreffer gegen Dänemark in der Vorrunde der EM 2012: In der 80. Minute erzielte Lars Bender sein erstes Länderspieltor und sicherte damit der deutschen Mannschaft den Einzug ins Viertelfinale.

Griechenland ebenfalls eine überzeugende Leistung.

Im Halbfinale trafen sie nun auf Italien, das sich gegen England im Elfmeterschießen durchgesetzt hatte. Bei einem Sieg gegen Italien wartete Spanien im Endspiel. Und die Jungs von Jogi Löw durften sich durchaus Chancen auf den Titel ausrechnen, denn die Spanier hatten bislang nicht wirklich überzeugt. Einen Tag, bevor sie selbst gegen Italien antreten mussten, sahen sie, wie die Spanier im ersten Halbfinale gegen Portugal in 90 Minuten nur ein 0:0 zustandebrachten. In der Verlängerung wurden sie zwar gefährlicher, trafen aber weiterhin nicht ins Netz. Im Elfmeterschießen bewiesen sie dann die besseren Nerven und gewannen mit 4:2.

Bei der Europameisterschaft in

> **Wie startete das deutsche Team in die EM 2012?**

Polen und der Ukraine startete die deutsche Mannschaft in einer extrem schweren „Todesgruppe" B sehr gut. Sie gewann alle drei Spiele – mit 1:0 gegen Portugal und jeweils mit 2:1 gegen die Niederlande und Dänemark – und blieb damit als einziges Team der Vorrunde ohne Punktverlust. Im Viertelfinale gelang beim 4:2 gegen

Vielleicht waren die deutschen Nationalspieler

> **Warum verlor Deutschland gegen Italien?**

beim Spiel gegen Italien mit den Gedanken schon im Finale. Jedenfalls wirkten sie sehr unkonzentriert und machten viele Fehler. Und sie hatten nicht mit Mario Balotelli gerechnet. In der 20. Minute verwandelte der italienische Mittelstürmer eine Flanke von links per Kopf. Und in der 36. Minute hämmerte er den Ball nach einem blitzschnellen Konter zum 2:0 ins deutsche Tor. Beide Male war Torwart Manuel Neuer ohne Chance. Die Deutschen kämpften nun um den Anschlusstreffer. Doch das 1:2 durch Mesut Özil in der ersten Minute der Nachspielzeit (90.+1) kam viel zu spät, um das Blatt noch zu wenden.

Viele kritisierten nach der Niederlage, dass Bundestrainer Jogi Löw

Bei der Klub-WM im Dezember 2013 kam die Torlinientechnik bereits zum Einsatz.

TORLINIENTECHNIK

Es ist im Fußball schon häufig vorgekommen, dass ein reguläres Tor nicht gegeben bzw. ein irreguläres anerkannt wurde. Auch bei der EM 2012 gab es eine Fehlentscheidung. Im entscheidenden Gruppenspiel gegen die Ukraine konnte der Engländer John Terry einen Ball erst hinter der Torlinie wegschlagen. Weil das der Torrichter nicht sah, wurde kein Treffer gegeben. Der Weltfußballverband FIFA reagierte: Bei der WM 2014 kommt zum ersten Mal eine Torlinienüberwachung bei einem großen Turnier zum Einsatz. Die Technologie dazu stellt die deutsche Firma GoalControl.

den falschen Spielern vertraut habe. Statt auf Reus, Schürrle und Klose, die im Viertelfinale gut kombiniert hatten, hatte er diesmal in der Offensive auf Kroos, Podolski und Gomez gesetzt. Die Niederlage lag aber wohl nicht allein daran oder an der falschen Taktik. Viele deutsche Spieler, die Verteidiger genauso wie die Angreifer, zeigten an diesem Tag nicht ihre Bestform.

sten. Die Italiener kamen im ganzen Spiel kaum an den Ball. Silva und Alba sorgten mit zwei begeisternd herausgespielten Treffern bereits in der ersten Hälfte für eine klare Führung, Torres und Mata legten in der zweiten Hälfte noch zwei Tore drauf. Spanien hatte überragend gespielt und gewann völlig verdient mit 4:0. Als erste Mannschaft überhaupt hatten sie somit den Europameistertitel verteidigt.

Im EM-Finale 2012 enttäuschten die Italiener. Am Ende bejubeln die Spanier ihren 4:0-Triumph. Mittendrin der Lenker im Mittelfeld: Xavi vom FC Barcelona.

Vor dem Endspiel fragten sich viele, ob die bis dahin enttäuschenden Spanier noch einmal so wie früher würden

> **Wie verlief das EM-Finale 2012?**

den auftrumpfen können. Sie schienen etwas müde geworden von ihren zahlreichen Erfolgen in den Jahren zuvor. Doch alle, die den Spaniern nicht mehr viel zugetraut hatten, wurden eines Besseren belehrt. Im Finale zeigte der amtierende Welt- und Europameister Fußball vom Allerfein-

Da war noch alles in Ordnung im WM-Qualifikationsspiel gegen Schweden: In perfekter Schusshaltung trifft Mesut Özil zum 4:0.

Was war da los? Jogi Löw rätselt, warum sein Team trotz einer 4:0-Führung gegen Schweden nicht gewinnen konnte.

DIE DEUTSCHEN GEGNER IN DER VORRUNDE

Die WM-Auslosung bescherte Deutschland in der Vorrundengruppe G die USA, Portugal und Ghana als Gegner. „Es ist klar, dass wir da Favorit sind", meinte der Manager der Nationalmannschaft, Oliver Bierhoff. Nicht einfach, aber machbar, lautete die allgemeine Einschätzung. Die vom ehemaligen Bundestrainer Jürgen Klinsmann trainierten Amerikaner: Ein Team, das sich mit seiner Athletik und Kampfkraft einen guten Ruf erarbeitet hat. Die Portugiesen: Ein Team, das auf seine technischen Qualitäten und vor allem auf Cristiano Ronaldo, den Weltfußballer 2013, vertrauen kann. Ghana: Ein unbequemes und unberechenbares Team mit guten Spielern wie dem Schalker Kevin-Prince Boateng.

In der Qualifikation für die WM 2014 in Brasilien hatte es Deutschland mit den Teams aus Schweden, Österreich, Irland, Kasachstan und Färöer zu tun. Die Auswahl von Jogi Löw galt als klarer Favorit. Sie gewann die ersten Spiele auch recht mühelos. Ein rätselhaftes Spektakel war allerdings das Heimspiel gegen Schweden am 16. Oktober 2012. Philipp Lahm & Co. zeigten zunächst eine absolute Weltklasseleistung mit atemberaubenden Kombinationen und Toren. Bis zur 56. Minute hatten der Doppeltorschütze Miroslav Klose sowie Per Mertesacker und Mesut Özil ein 4:0 herausgeschossen. Und selbst dieses Ergebnis drückte die Überlegenheit der DFB-Elf noch nicht angemessen aus. Die Schweden, immerhin das zweitstärkste Team in der Qualifikations-Gruppe C, wirkten vollkommen überfordert.

Doch dann kippte das Spiel. Die aufopferungsvoll kämpfenden Skandinavier gewannen immer mehr Zweikämpfe und fanden plötzlich überraschend viele Lücken in der deutschen Defensive. Der Kopfballtreffer des Weltklassestürmers Zlatan Ibrahimovic in der 62. Minute

> **Warum war das 4:4 gegen Schweden historisch?**

konnte noch als kleiner Schönheitsfehler betrachtet werden. Aber zwei Minuten später fiel bereits der nächste Treffer, in der 76. Minute folgte ein weiterer. Es stand jetzt 4:3. Da die Deutschen ihre Chancen ungenutzt ließen, folgte schließlich das Unfassbare. Sekunden vor dem Abpfiff erzielten die Schweden noch den Ausgleich zum 4:4. Es war ein historisches Ereignis. Denn einen Vier-Tore-Vorsprung hatte die deutsche Nationelf bis dahin noch nie verspielt.

Das seltsame Unentschieden gegen Schweden blieb bis zum letzten Spieltag der einzige Punktverlust der DFB-Elf in der WM-Qualifikation. Vor dem letzten Spiel in Schweden führte sie mit fünf Punkten die Tabelle an. So konnte also eigentlich nichts mehr schiefgehen. Aber die Jungs von Jogi Löw hatten gegen diesen Gegner ja noch etwas gutzumachen. Zunächst gelang ihnen jedoch nicht viel. Nach einem 0:2-Rückstand gelang Mesut Özil erst kurz vor dem Halbzeitpfiff der Anschlusstreffer zum 1:2. Dann traf André Schürrle dreimal, Schweden holte zwischendurch einen Tref-

> **Wie fit zeigte sich die deutsche Elf 2013?**

fer auf – Endstand 5:3. Wieder hatte es ein torreiches Spektakel gegeben, diesmal aber mit einem besseren Ende für die deutsche Mannschaft. Die Revanche für die 4:4-Blamage war geglückt und die WM-Teilnahme souverän erreicht.

Das Jahr 2013 klang aus mit zwei Freundschaftsspielen gegen starke Gegner im November. Beim 1:1 in Mailand gegen Italien wurde der mögliche Sieg kurz vor Schluss knapp verschenkt, als sich Sven Bender und Marco Reus vor dem italienischen Tor gegenseitig behinderten. Den 1:0-Erfolg in London gegen England sicherte der Abwehrspieler Per Mertesacker per Kopfball. Der Sieg hätte deutlich höher ausfallen können, aber den deutschen Offensivspielern wollten einfach keine weiteren Treffer gelingen.

Die deutsche Elf in den neuen WM-Trikots vor dem Anpfiff des Spiels gegen Italien. Hinten (v.l.n.r.): Neuer, Kroos, Khedira, Höwedes, Jansen, Hummels, Boateng. Vorne: Lahm, Götze, Müller, Schürrle.

Sowohl in den Qualifikations- als

> **Ist Deutschland reif für den WM-Titel?**

auch in den Freundschaftsspielen zeigte die spielstarke deutsche Mannschaft, dass sie bei der WM in Brasilien unbedingt zu den Favoriten zu zählen ist. Allerdings hat noch nie eine europäische Mannschaft ein Turnier außerhalb Europas gewinnen können. Experten räumten daher dem Gastgeber Brasilien sowie Argentinien die größten Chancen auf den Titel ein. Die Brasilianer gewannen zudem im Sommer 2013 den WM-Test, das Turnier der Kontinentmeister (Confed-Cup). Im Finale im Maracana-Stadion von Rio de Janeiro schlugen sie die sieggewohnten Spanier durch Tore von Fred (2) und Neymar glatt mit 3:0. An der Reihenfolge der FIFA-Weltrangliste änderte das allerdings nichts. Auf den ersten drei Plätzen: Spanien vor Deutschland und Argentinien.

DAS WM-KLIMA: HEISS UND FEUCHT

Zur WM-Zeit (12. Juni bis 13. Juli 2014) ist Winter in Brasilien. Kalt wird es dort aber nicht, denn der Nordosten Brasiliens gehört zur tropischen Klimazone. In Fortaleza, Recife und Salvador, den Spielorten der deutschen Mannschaft, herrscht zu dieser Zeit ein sehr heißes und feuchtes Klima. Zudem wird sehr früh angepfiffen: Um 13 und um 16 Uhr (18 bzw. 21 Uhr in Mitteleuropa). Die Temperaturen können um diese Zeit auf über 30 Grad steigen, bei einer schweißtreibenden Luftfeuchtigkeit von über 80 Prozent. Bundestrainer Jogi Löw machte sich im Vorfeld über diese extremen Wetterbedingungen mehr Sorgen als über die Gegner.

Die Brasilianer (in der Mitte Neymar mit Pokal) feiern am 30. Juni 2013 ihren Sieg im Finale des Confed-Cups.

EM-Rekorde

EM-Teilnahmen (Endrunde)

Die meisten EM-Teilnahmen:
11 (Deutschland von 1972 bis 2012)
Die meisten Spiele und Siege:
1. Deutschland (43/23)
2. Spanien (36/17)
3. Niederlande (35/17)
4. Italien (33/13)

Tore

Die meisten Tore insgesamt fielen bei der EM 2000: 85 (im Durchschnitt 2,74 pro Spiel).
Den besten Tordurchschnitt bei einer EM-Endrunde gab es 1976 mit 4,75 Toren pro Spiel.
Den schlechtesten Tordurchschnitt in einer EM-Endrunde gab es 1968 mit 1,4 Toren pro Spiel.
Die meisten Tore in einem EM-Spiel fielen 1960 im Halbfinale Jugoslawien gegen Frankreich (5:4).
Deutlichster EM-Finalsieg: Spanien–Italien 4:0 (2012)
Das schnellste EM-Tor fiel 2004 im Spiel Russland gegen Griechenland (2:1). Dimitri Kiritschenko erzielte das 1:0 nach 68 Sekunden.
Einziger Spieler, der in zwei EM-Endspielen jeweils ein Tor erzielen konnte: Fernando Torres (2008 und 2012)

Die besten EM-Torjäger:

9 Tore: Michel Platini (Frankreich) in 5 Spielen 1984;
7 Tore: Alan Shearer (England) in 9 Spielen 1992, 1996, 2000;
Bester Deutscher: Jürgen Klinsmann mit 5 Toren in 13 Spielen 1988, 1992, 1996

Höchster Sieg

6:1 endete das Spiel der Niederlande gegen Jugoslawien im Viertelfinale der EM 2000.

Die längste Siegesserie

Spanien (sechs Siege in Folge, 2008)

EM-Rekordspieler

Lilian Thuram (Frankreich) und Edwin van der Sar (Niederlande), je 16 Einsätze.
Deutsche EM-Rekordspieler mit jeweils 13 Einsätzen sind Thomas Häßler und Jürgen Klinsmann.

Zuschauer

Die meisten Zuschauer bei einem EM-Turnier gab es 1996 in England: 1 269 894 (im Schnitt 40 964 pro Spiel).
Der beste Zuschauerschnitt wurde beim EM-Turnier 1988 in Deutschland erzielt: 62 379 pro Spiel (damals waren nur acht Teams am Start).
Die meisten Zuschauer (105 000) kamen zum EM-Endspiel am 21. Juni 1964 in Madrid. Spanien besiegte die Sowjetunion mit 2:1.

Rote und Gelbe Karten

Das unfairste EM-Spiel aller Zeiten war die Partie Bulgarien–Spanien (1:1) in England 1996. Der Schiedsrichter verteilte zwei Rote und sieben Gelbe Karten.

Ältester EM-Torschütze

Ivica Vastic (Österreich) war 38 Jahre und 257 Tage alt, als er bei der EM 2008 zum 1:1 gegen Polen traf.

Jüngster EM-Torschütze

Johan Vonlanthen (Schweiz) erzielte bei der EM 2004 im Alter von 18 Jahren und 141 Tagen das 1:3 gegen Frankreich.

Negative Elfmeter-Rekorde

Einen EM-Rekord stellten die Niederlande im Halbfinale der EM 2000 gegen die Italiener auf: Sie vergaben gleich fünf Elfmeter – zwei in der normalen Spielzeit und drei im Elfmeterschießen, das Italien mit 3:1 gewann. Gleich zwei spezielle Rekorde erzielte die Schweiz bei der WM 2006. In der Vorrunde spielte sie dreimal zu null (0:0 gegen Frankreich, 2:0 gegen Togo, 2:0 gegen Südkorea) und schaffte auch im Achtelfinale gegen die Ukraine ein 0:0, bevor sie im Elfmeterschießen mit 0:3 verlor. Die Schweiz ist damit das erste Team, das ohne Gegentor bei einer WM ausschied. Zugleich ist sie auch das erste Team, das in einem Elfmeterschießen bei einer WM keinen Treffer erzielte.

Elfmeterschießen Schweiz–Ukraine, WM 2006

1 *Michel Platini* **3** *Thomas Häßler*

2 *Edwin van der Sar* **4** *Johan Vonlanthen*

WM-Rekorde

Die meisten WM-Teilnahmen:
19 (Brasilien)
Die meisten WM-Spiele:
99 (Deutschland)

Tore

Die meisten Tore insgesamt fielen bei der WM 1954: im Durchschnitt 5,38 Treffer pro Spiel.

Die meisten Tore in einem WM-Spiel gab es 1954 in der Partie Österreich gegen die Schweiz: Österreich siegte mit 7:5.

Die meisten Tore bei einer WM insgesamt erzielte Ungarn 1954: 27 Treffer.

Die meisten Tore (5) in einem WM-Spiel schoss Oleg Salenko (Russland) beim 6:1 gegen Kamerun 1994.

Der schnellste Treffer bei einer WM fiel 11 Sekunden nach dem Anpfiff. Der Torschütze war Hakan Sükür, Türkei, im Spiel gegen Südkorea (WM 2002).

Die besten WM-Torjäger:

15 Tore: Ronaldo (Brasilien) 1998–2006
14 Tore: Gerd Müller (Deutschland) 1970 und 1974, Miroslav Klose (Deutschland) 2002–2010
13 Tore: Just Fontaine (Frankreich) 1958
12 Tore: Pelé (Brasilien) 1958–1970
11 Tore: Jürgen Klinsmann (Deutschland) 1990–1998, Sandor Kocsis (Ungarn) 1954

Mannschaftsrekorde

Die meisten aufeinanderfolgenden Siege in WM-Spielen errang Brasilien (11 Siege von 2002 bis 2006).

Am längsten sieglos blieb Bulgarien, nämlich 16 Spiele in Folge (1962–1994).

Rekordspieler

Die meisten WM-Finalteilnahmen als Spieler: Cafu (Brasilien) 1994, 1998, 2002

Die meisten WM-Finalteilnahmen insgesamt: Mario Zagallo, Brasilien (zweimal als Spieler, dreimal als Trainer 1958–1998)

Die meisten WM-Turniere (5 Teilnahmen): Antonio Carbajal (Mexiko, 1950–1966) und Lothar Matthäus (Deutschland, 1982–1998)

Die meisten WM-Spiele: Lothar Matthäus, 25 Spiele (1982–1998)

Die meisten WM-Spiele als Trainer: Helmut Schön (Deutschland), 25 Spiele (1966–1978)

Höchste Siege

Den höchsten Sieg in einem WM-Spiel erzielte Ungarn gegen El Salvador: 10:1 (WM 1982).

Der höchste Sieg in einem WM-Qualifikationsspiel gelang Australien gegen Amerikanisch-Samoa: 31:0 (zur WM 2002).

Zuschauer

Die meisten Zuschauer bei einem WM-Spiel (174 000) kamen am 16. Juli 1950 zur Partie Brasilien gegen Uruguay (2:1) im Maracana-Stadion von Rio de Janeiro (offizielle Angabe). Die tatsächliche Zahl war sogar noch höher: etwa 200 000.

Die wenigsten Zuschauer bei einem WM-Spiel wurden 1930 bei der Begegnung Rumänien – Peru gezählt: ganze 300.

Den Zuschauerrekord hält die WM 1994 in USA: 68 991 Menschen pro WM-Spiel.

Platzverweis (Feldverweis)

Den schnellsten Platzverweis bei einer WM gab es 1986: Nach 55 Sekunden wurde der Uruguayer José Batista gegen Schottland vom Platz gestellt.

Die meisten Platzverweise gab es bei der WM 2006 in Deutschland: 28 Spieler wurden vorzeitig vom Feld geschickt (es gab 19-mal Gelb-Rot, 9-mal Rot). Allein vier Spieler wurden in der Partie Portugal gegen Niederlande (1:0) vom Platz gestellt – auch das ein WM-Rekord.

Auswechslung

Die schnellste Auswechslung bei einer WM nahm Italien 1998 im Spiel gegen Österreich vor: In der 4. Minute musste Alessandro Nesta wieder vom Platz.

Spielerrekorde

Der älteste Weltmeister: Dino Zoff (Italien) mit 40 Jahren und 133 Tagen (1982)

Der jüngste WM-Torschütze: Pelé (Brasilien) mit 17 Jahren und 239 Tagen (1958)

Der älteste WM-Torschütze: Roger Milla (Kamerun) mit 42 Jahren und 39 Tagen (1994)

Der jüngste WM-Spieler: Norman Whiteside (Nordirland) mit 17 Jahren und 42 Tagen (1982)

Trainer

Der Trainer mit den meisten verschiedenen WM-Teams: Bora Milutinovic (1986 Mexiko, 1990 Costa Rica, 1994 USA, 1998 Nigeria, 2002 China)

1 Gerd Müller   **3** Helmut Schön   **5** Pelé
2 Antonio Carbajal   **4** Dino Zoff

Geschichten zu WM & EM

Telstar 1970   *Telstar 1974*   *Tango 1978*   *Tango 1982*   *Azteca 1986*

Heimfahrer

Schon dreimal wurden deutsche Spieler wegen ungebührlichen Benehmens aus dem WM-Kader geworfen und nach Hause geschickt. 1994 in den USA, nach einer blamablen Leistung der Deutschen beim glücklichen 3:2-Sieg gegen Südkorea, zeigte Mittelfeldstar Stefan Effenberg den pfeifenden deutschen Fans in beleidigender Weise den Mittelfinger. Während der WM in Mexiko 1986 bezeichnete Ersatztorwart Uli Stein Teamchef Beckenbauer als „Suppenkasper" und die gesamte Mannschaft als „Gurkentruppe". In Italien 1934 aß Siggi Haringer auf dem Bahnsteig ohne Erlaubnis des Trainers eine Apfelsine.

Gestohlener Weltpokal

Vier Monate vor dem WM-Turnier 1966 in England wurde der in Westminster ausgestellte Siegerpokal gestohlen. Nachforschungen der Polizei blieben erfolglos. Erfolgreicher war ein kleiner Hund namens Pickles. Er spürte die Trophäe eine Woche nach ihrem

Der kleine Hund Pickles, Finder des WM-Siegerpokals, lässt sich stolz fotografieren.

Verschwinden unter einem Gebüsch in einem Vorgarten Süd-Londons auf. Zur Belohnung wurden Pickles und sein Besitzer von der FIFA zum Besuch der nächsten Weltmeisterschaft in Mexiko eingeladen. Der kleine Hund starb aber kurz vor Beginn des Turniers.

Schlechte Vorzeichen

Monika Vogts, Ehefrau von Bundestrainer Berti Vogts, drängte ihren Mann vor der EM 1996, die lange geplante Venedig-Reise nicht abzusagen. Vogts nutzte die Reise, um den in Italien tätigen Profi Oliver Bierhoff zu „besichtigen". Bierhoff spielte schlecht. Als dann in der Nacht noch das Opernhaus von Venedig abbrannte, sagte Monika Vogts zu ihrem Mann: „So schlechte Vorzeichen ... Ich würde ihn mitnehmen. Auf einen mehr oder weniger kommt's doch auch nicht an." Bierhoff schoss beide Tore im EM-Finale.

Fußballschuh von Fritz Walter, Kapitän der deutschen Nationalelf bei der Weltmeisterschaft 1954. Dieser Schuh ist der erste mit auswechselbaren Schraubstollen. Darüber: WM-Schuh von 1962

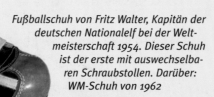

Kunststückchen

Bei der WM 1934 setzte sich Österreichs Karl Sesta während des Spiels gegen Deutschland plötzlich auf den Ball und verblüffte damit seinen Gegenspieler Edmund Conen. Alle Zuschauer lachten. Kurz vor dem Pausenpfiff probierte Sesta das Kunststückchen noch einmal. Conen passte auf und spitzelte Sesta den Ball unter dem Hintern weg. Lehner schoss ins Tor, Deutschland gewann 3:2.

Lachanfall

Im Halbfinale der WM 1938 gegen Italien hatte Brasiliens Torwart Walter, gegen einen Lachanfall ankämpfend, keine Chance beim Schuss von Giuseppe Meazza. Dem Italiener war kurz zuvor der Gummizug in der Hose gerissen. Er lief an, mit beiden Händen die Hose haltend, täuschte nach rechts und traf ins linke Eck.

| Etrusco Unico 1990 | Questra 1994 | Tricolore 1998 | Fevernova 2002 | Teamgeist 2006 | Jabulani 2010 | Brazuca 2014 |

Pechvogel

Santiago Canizares, spanischer National-torwart, setzte sich kurz vor Beginn der WM 2002 in seinem Badezimmer selbst schachmatt. Beim missglückten Jonglie-ren mit einer Parfümflasche fügte er sich so schwere Schnittverletzungen am Fuß zu, dass er auf seinen Einsatz verzichten musste. So wurde der Platz im Tor für seinen Konkurrenten Iker Casillas frei.

Siebzehnmeter

Im Spiel Argentinien – Mexiko bei der WM 1930 entschied der bolivianische Schiedsrichter Ulysses Saucedo auf Strafstoß. Als er feststellte, dass der Elfmeterpunkt nicht markiert war, schritt er die Distanz ab: Der von ihm ermittelte Punkt lag 17 Meter vom Tor entfernt. Später verhängte er nochmals einen „Elf-meter" aus derselben Entfernung. Auf Proteste der Spieler reagierte er nicht.

Purzelbaum

Beim Spiel Italien gegen Peru bei der WM 1982 wurde der deutsche Schieds-richter Walter Eschweiler über den Haufen gerannt und schlug einen Purzel-baum. Obwohl er dabei seine Karten und seine Pfeife verlor, ließ sich der immer gut gelaunte Rheinländer nicht irritieren. Er unterbrach die Partie, sammelte alle Utensilien wieder ein und setzte dann das Spiel fort.

Wahrsager

Krake Paul aus dem Sealife-Center in Oberhausen sagte bei der WM 2010 die Ergebnisse aller Spiele der deutschen Mannschaft richtig voraus. Kein Mensch tippte so gut wie er.

Kopfsalat

Vor der EM 1980 machte sich der damali-ge Bundeslandwirtschaftsminister Josef Ertl Sorgen um die richtige Ernährung der deutschen Fußballer und ließ von der Luft-hansa frischen Kopfsalat ins EM-Quartier nach Italien fliegen. Ob der Salat etwas bewirkt hat, ist nicht bewiesen. Fest steht, Horst Hrubesch erzielte den Siegtreffer im Finale (2:1 gegen Belgien) mit dem Kopf.

Partykrach

Nach dem Sieg im WM-Finale 1974 in München gab es für die Spieler der deutschen Nationalelf eine große Ab-schlussparty. Ihre Ehefrauen hatte man allerdings nicht dazu eingeladen. Als sie sich dennoch in den Festsaal schlichen, wurden sie von den DFB-Verantwort-lichen hinausgeworfen. Der verärgerte Gerd Müller gab noch am selben Abend bekannt, dass er nie mehr in der Nationalmannschaft spielen wolle.

Werbe-Unterhose

Nicklas Bendtner (Dänemark) zog bei der EM 2012 im Spiel gegen Portugal seine Sporthose etwas herunter. Nun konnte man hinten auf seiner Unterhose den Schriftzug eines irischen Wettanbieters sehen. So etwas darf man nicht: Der Dä-ne wurde wegen verbotener Werbung zu einer Geldstrafe von 100 000 Euro ver-donnert.

Tore mit Ansage

Während der Fernsehübertragung des Halbfinales Deutschland gegen die Tür-kei bei der EM 2008 kam es wegen eines Gewitters zweimal zu einem Ausfall von Bild und Ton. Bei der ersten Unterbre-chung gab es nur einen Reporterkom-mentar über Telefon. Bei der zweiten Un-terbrechung konnte das ZDF das Materi-al eines Schweizer Senders senden, der von dem Ausfall nicht betroffen war. Aber das Fernsehbild war nun um etwa drei Sekunden zeitlich vom Ton versetzt. Die Folge: Ein Tor wurde bereits kom-mentiert, während es noch gar nicht zu sehen war.

Hand Gottes

Bei der WM 1986, im Viertelfinale gegen England, erzielte der Argentinier Diego Maradona in der 51. Minute ein Tor mit der Hand. Hinterher wollte er sich dafür aber nicht kritisieren lassen und sagte: „Es war ein bisschen die Hand Gottes und ein bisschen Maradonas Kopf."

Schauplatz des WM-Endspiels am 13. Juli 2014: Das neue Maracana-Stadion in Rio de Janeiro, eines der größten und schön-sten Stadien der Welt. Es fasst 96.000 Zu-schauer.

Fehltritt

Beim ersten Spiel der WM 1938 in Paris sollte Frankreichs Staatspräsident Le-brun den Anstoß ausführen. Er trat vor lauter Aufregung in den Rasen.

Spielerlexikon

Wer sind die Besten? Bei einer Wahl im Jahr 2000 zum Weltfußballer des Jahrhunderts erhielt der Brasilianer Pelé die höchste Punktzahl. Bester Deutscher war Franz Beckenbauer auf Platz drei. Ab 1956 wurde von Sportjournalisten alljährlich eine Wahl zu „Europas Fußballer des Jahres" durchgeführt. Ab 1988 gab es den FIFA-Preis für den „Weltfußballer des Jahres". 2010 wurden beide Auszeichnungen zum „FIFA Ballon d' Or" zusammengelegt. Die UEFA führte daraufhin die Auszeichnung „Best Player in Europe" ein. Im Lexikon sind die Geehrten mit „E" (Europa) und „W" (Welt) gekennzeichnet.

ANDRADE, JOSÉ LEANDRO (1.10.1901–5.10.1957)
Tänzerisch eleganter Stürmer („Mann mit den goldenen Füßen"). In den 1920er-Jahren galt er als weltbester Spieler. Er wurde mit Uruguay Olympiasieger (1924 und 1928) und Weltmeister (1930).

BALLACK, MICHAEL (*26.9.1976)
Der langjährige Kapitän der deutschen Nationalmannschaft galt als torgefährlichster Mittelfeldspieler der Welt (bis 2010 42 Tore in 98 Länderspielen). Bei der WM 2002 neben Oliver Kahn bester deutscher Spieler. War lange verletzt und schied schließlich gegen seinen Willen aus der Nationalelf aus. Vereine: Bayer Leverkusen, FC Bayern, FC Chelsea

BALOTELLI, MARIO (*12.8.1990)
Italienischer Stürmer ghanaischer Herkunft, schoss im EM-Halbfinale 2012 mit zwei Toren Deutschland aus dem Wettbewerb.

BASTEN, MARCO VAN (*31.10.1964)
Heute Trainer, früher treffsicherer Stürmer aus den Niederlanden. Er gewann einmal den Europacup der Pokalsieger (mit Ajax Amsterdam) und zweimal den Europapokal der Landesmeister (mit AC Mailand). Mit der Nationalelf wurde er 1988 Europameister. E 1988, 1989, 1992, W 1988, 1992

BECKENBAUER, FRANZ (*11.9.1945)
Eleganter Libero. Der heutige Ehrenpräsident von Bayern München ist der erfolgreichste deutsche Fußballer aller Zeiten. Er wurde 1972 Europameister, 1974 als Spieler und 1990 als Teamchef Weltmeister. Mit dem FC Bayern gewann er zwischen 1967 und 1976 alle nationalen und internationa-

len Titel. Mit Cosmos New York wurde er dreimal US-Meister, am Ende seiner Karriere auch noch einmal mit dem HSV Deutscher Meister (1982). E 1972, 1976

BECKHAM, DAVID (*2.5.1975)
Eckball- und Freistoßspezialist, Werbe-Millionär und Pop-Ikone. Bereitete im Champions-League-Finale 1999 mit zwei Eckbällen den 2:1-Sieg von Manchester United gegen Bayern München vor.

BEST, GEORGE (22.5.1946–25.11.2005)
Mittelfeldspieler von Manchester United. In den 1960er-Jahren als toller Dribbler gefürchtet. Er hatte lange Haare und viele Fans. Wenn er irgendwo auftauchte, wurde er bejubelt wie einer von den Beatles. E 1968

BIERHOFF, OLIVER (*1.5.1968)
Kopfballstarker Stürmer. Karriere machte er als Torjäger in der italienischen Liga (AC Mailand). Im Endspiel der EM 1996 schoss er für Deutschland das Golden Goal. Seit 2004 Manager der Nationalmannschaft.

BREHME, ANDREAS (*9.11.1960)
Technisch starker Verteidiger (Kaiserslautern, Bayern). Konnte mit rechts und links gleich gut schießen. Im WM-Finale 1990 verwandelte er den entscheidenden Elfmeter zum 1:0-Sieg der BRD gegen Argentinien.

BREITNER, PAUL (*5.9.1951)
Linker Außenverteidiger. 1972 wurde er Europa- und 1974 Weltmeister. Mit Bayern München gewann er viele nationale und internationale Titel. Einige Zeit spielte er bei Real Madrid; danach war er wieder beim FC Bayern, diesmal als Regisseur, erfolgreich.

BUCHWALD, GUIDO (*24.1.1961)
Kopfballstarker Verteidiger. Führte den VfB Stuttgart 1992 zum Meistertitel und war bei der WM 1990 der beste deutsche Spieler. Weil er gut dribbelte, bekam er in Anlehnung an Maradona den Spitznamen „Diego".

BUFFON, GIANLUIGI (*28.01.1978)
Der Keeper von Juventus Turin ist seit Jahren absolute Spitze: Viermal war er weltbester Torhüter (2003, 2004, 2006, 2007), 2006 wurde er mit Italien Weltmeister.

CANNAVARO, FABIO (*13.9.1973)
Kleiner, aber kopfballstarker Abwehrchef und Kapitän des italienischen Weltmeister-Teams von 2006. E 2006, W 2006

CASILLAS, IKER (*20.5.1981)
Seit 2001/02 Stammtorhüter bei Real Madrid und in der spanischen Nationalmannschaft. „San Iker" hält auch nahezu Unhaltbares: In den letzten Jahren war der Welt- und Europameister mit den schnellen Händen der beste Mann zwischen den Pfosten (Welttorhüter 2008–2010).

CECH, PETR (*20.5.1982)
Nicht nur einer der besten, sondern wegen seines Lederhelms, den er seit einer schweren Kopfverletzung trägt, auch einer der auffälligsten Torhüter. Der Nationaltorwart Tschechiens bildet beim FC Chelsea zusammen mit den Verteidigern ein fast unüberwindliches Bollwerk.

CHARLTON, BOBBY (*11.10.1937)
Mittelfeldregisseur von Manchester United. In den 1960er-Jahren ein Idol des englischen Fußballs. Er führte das englische Team 1966 zur Weltmeisterschaft. E 1966

CRISTIANO RONALDO (*5.2.1985)
Der enorm schnelle und trickreiche Portugiese, der nach dem ehemaligen US-Präsidenten Ronald Reagan benannt wurde, ist seit 2009 der Superstar von Real Madrid. E 2008, W 2008, 2013

CRUYFF, JOHAN (*25.4.1947)
Weltbester Mittelfeldspieler der 1970er-Jahre. Er wurde sogar zu „Europas Fußballer des Jahrhunderts" gewählt. Gewann mit Ajax Amsterdam dreimal den Europacup der Landesmeister (1971–1973). Später war er auch als Trainer des FC Barcelona erfolgreich. E 1971, 1973, 1974

DANI ALVES (*6.5.1983)
Brasilianischer Außenverteidiger, extrem offensiv und schussstark, seit 2008 sehr erfolgreich mit dem FC Barcelona.

DIDI (8.10.1928–12.5.2001)
Laufstarker Ballkünstler von Fluminense Rio de Janeiro und Regisseur der brasilianischen Weltmeisterteams von 1958 und 1962.

EUSEBIO (25.1.1942-5.1.2014)

Schneller Stürmer aus Mosambik. Mit Benfica Lissabon gewann er 1962 den Europapokal der Landesmeister. Bei der WM 1966 wurde er Torschützenkönig. E 1965

FIGO, LUIS (*4.11.1972)

Zusammen mit Zinedine Zidane bildete der Portugiese bei Real Madrid das beste Mittelfeld aller Zeiten. Der „König der Vorbereiter" glänzte vor allem mit Torvorlagen. 2009 beendete er seine Karriere bei Inter Mailand. E 2000, W 2001

FISCHER, KLAUS (*27.12.1949)

Torgefährlicher Mittelstürmer (1968–1988, 268 Tore). Hält bei Schalke 04 mit 182 Treffern noch immer den Vereinsrekord. Spezialist für Fallrückzieher-Tore.

GARRINCHA (28.10.1933–20.1.1983)

Außenstürmer der brasilianischen Weltmeisterteams von 1958 und 1962. Der Mann mit den ungleichen Beinen (ein X- und ein O-Bein) gilt als bester Dribbler aller Zeiten.

GERRARD, STEVEN (*30.5.1980)

Der kampfstarke und torgefährliche Mittelfeldspieler ist Antreiber beim FC Liverpool und in der englischen Nationalmannschaft.

GÖTZE, MARIO (*3.6.1992)

Mittelfeldspieler mit toller Balltechnik. Das als künftiger Superstar gehandelte Talent wechselte 2013 unter großem Getöse von Borussia Dortmund zum FC Bayern München.

GULLIT, RUUD (*1.9.1962)

Regisseur des niederländischen Europameisterteams von 1988. Mit dem AC Mailand holte der Mann mit den Rastalocken zweimal den Europapokal der Landesmeister. E 1987, W 1987 (inoffiziell)

HÄSSLER, THOMAS (*30.5.1966)

Ballsicherer Mittelfeldspieler und gefährlicher Freistoßschütze (101 Länderspiele, 11 Tore). Bester Spieler bei der Europameisterschaft 1992.

IBRAHIMOVIC, ZLATAN (*3.10.1981)

Schwedischer Spieler bosnischer Herkunft, gilt als einer der besten Stürmer der Welt. Er hat eine herausragende Technik und begeistert mit spektakulären Torschüssen. Einer der schönsten Treffer aller Zeiten war sein artistischer Fallrückzieher zum 4:2-Sieg Schwedens gegen England im November 2012.

INIESTA, ANDRÉS (*11.5.1984)

Technisch perfekter Mittelfeldspieler vom FC Barcelona. Mit Spanien Welt- und zweifacher Europameister. Erzielte das Siegtor der Spanier gegen die Niederlande im Finale der WM 2010. E 2012

JASCHIN, LEW (22.10.1929-20.3.1990)

Bester Torhüter aller Zeiten. Der „schwarze Panther" im Tor von Dynamo Moskau war nicht nur für seine guten Reflexe berühmt. Er hatte ein hervorragendes Stellungsspiel, organisierte perfekt die Abwehr und schaltete sich sogar bei Angriffen als zusätzlicher Feldspieler ein. E 1963

KAHN, OLIVER (*15.6.1969)

Ehrgeiziger Nationaltorhüter (FC Bayern), galt viele Jahre als bester Keeper der Bundesliga (Abschied 2009). Höhepunkte seiner Karriere: der Sieg im Champions-League-Finale 2001 (er hielt drei Elfmeter) und die Vize-WM 2002 (man wählte ihn zum besten Spieler des Turniers). Bei der WM 2006 kam er nur einmal zum Einsatz und beendete dann seine Karriere in der Nationalmannschaft. 1999, 2001 und 2002 Welttorwart des Jahres.

KAKÁ (*15.5.1982)

Raffinierter Mittelfeldspieler. Mitglied des brasilianischen Weltmeisterteams von 2002. Langjähriger Star von Real Madrid (2009-13) und AC Mailand (2003-09, seit 2013). E 2007, W 2007

KEEGAN, KEVIN (*14.2.1951)

Erster Millionär der Bundesliga. Der kleine Mittelfeldspieler war von 1977 bis 1980 beim Hamburger SV Publikumsliebling und Superstar der Mannschaft. E 1978, 1979

KIRSTEN, ULF (*4.12.1965)

Torgefährlicher Stürmer und Nationalspieler (49 Länderspiele für die DDR, 51 für die BRD). Spielte zuerst bei Dynamo Dresden und wurde später bei Bayer Leverkusen zu einem der erfolgreichsten Bundesligatorjäger.

KLINSMANN, JÜRGEN (*30.7.1964)

Beliebter und torgefährlicher Stürmer. Der gelernte Bäcker begann seine Karriere bei den Stuttgarter Kickers. Weitere Stationen: VfB Stuttgart, Inter Mailand, AS Monaco, Tottenham Hotspurs und Bayern München. 1990 wurde er Welt-, 1996 Europameister. Zum UEFA-Cup-Sieg der Bayern 1996 steuerte „Klinsi" in 12 Spielen 15 Tore bei. War von 2004 bis zur WM 2006 Bundestrainer.

KLOSE, MIROSLAV (*9.6.1978)

Einer der besten deutschen Stürmer, wurde bei der WM 2006 mit 5 Treffern Torschützenkönig. Nach erfolgreichen Jahren bei Werder Bremen ging er 2007 zu Bayern München, 2011 zu Lazio Rom.

KÖPKE, ANDREAS (*12.3.1962)

Torhüter mit tollen Reflexen. Verhinderte mehrmals den Abstieg des 1. FC Nürnberg. Europameister 1996. Weltbester Torhüter 1996. Seit 2004 Bundes-Torwarttrainer.

KOHLER, JÜRGEN (*6.10.1965)

Zuverlässiger Manndecker und langjähriger Nationalspieler (105 Länderspiele, 2 Tore). Weltmeister 1990. Vereine: Bayern München, Juventus Turin, Borussia Dortmund.

KRANKL, HANS (*14.2.1953)

Torjäger (Rapid Wien, FC Barcelona). Von 1974 bis 1985 war er der berühmteste Stürmer Österreichs. Zum 3:2-Sieg Österreichs über die BRD bei der WM 1978 steuerte er zwei Treffer bei.

KUZORRA, ERNST (16.10.1905–1.1.1990)

Stürmer der berühmten Mannschaft von Schalke 04, die zwischen 1934 und 1942 sechsmal Deutscher Meister wurde.

LAHM, PHILIPP (*11.11.1983)

Der kleine Außenverteidiger, der rechts wie links spielen kann, sorgt mit schnellen Vorstößen an der Seitenlinie stets für Torgefahr. Der Kapitän des FC Bayern und der Nationalmannschaft ist auch vor den Mikrofonen der Journalisten stark.

LEWANDOWSKI, ROBERT (*21.8.1988)

Polnischer Stürmer, laufstark und torgefährlich. Sein Wechsel von Borussia Dortmund zum FC Bayern sorgte 2013/14 für Schlagzeilen.

MAIER, SEPP (*28.2.1944)

Mit Bayern München erfolgreichster deutscher Torhüter. Europa- (1972) und Weltmeister (1974). Wenn er im Spiel nicht beschäftigt war, machte er gerne Späße. Einmal versuchte er, eine Ente zu fangen, die zufällig in seinem Strafraum gelandet war.

MARADONA, DIEGO (*30.10.1960)

Weltbester Fußballer der 1980er-Jahre. Führte in der argentinischen Weltmeistermannschaft von 1986 Regie. 1987 versetzte er ganz Neapel in einen Freudentaumel, als das süditalienische Team erstmals Meisterschaft und Pokal gewann. Bei der WM 1994 wurde er des Dopings überführt. Der Mann, der in seiner Heimat bis heute wie ein Gott verehrt wird, war von 2008 bis 2010 Nationaltrainer Argentiniens.

MATTHÄUS, LOTHAR (*21.3.1961)

Dynamischer Mittelfeldspieler, Nationalmannschaftskapitän und Weltmeister 1990. Der ehrgeizige „Dauerbrenner" (150 Länderspiele von 1980 bis 2000) feierte auch nach schweren Verletzungen immer wieder ein Comeback. Mit dem FC Bayern und Inter Mailand gewann er bis auf den Europapokal der Landesmeister alle Titel. Sorgte mit seinem „Plappermaul" außerhalb des Platzes immer wieder für Aufregung.
E 1990, W 1990, 1991

MATTHEWS, STANLEY (1.2.1915–23.2.2000)

Trickreicher Rechtsaußen, erfand den „Matthews-Trick". War Profispieler bis zu seinem 50. Lebensjahr (886 Spiele). 1965 wurde er von der englischen Queen zum Sir geadelt. Dabei sagte sie: „Stan, Sie sind eine Legende." E 1956

MESSI, LIONEL (*24.6.1987)

Der wendige Argentinier vom FC Barcelona gilt als einer der trickreichsten und gefährlichsten Stürmer der Welt. Der Dribbelkönig wurde bereits dreimal zum weltbesten Fußballer gewählt. Wegen seiner relativ geringen Körpergröße (1,69 Meter) und seiner hastigen Bewegungen trägt er den Spitznamen „La Pulga" („Der Floh"). E 2009, 2011, W 2009-2012

MÜLLER, GERD (*3.11.1945)

Der erfolgreichste deutsche Torjäger aller Zeiten (365 Bundesligatore für den FC Bayern, davon 40 Tore in der Saison 1971/72, 68 Länderspieltore in 62 Spielen, 14 WM-Tore). 1972 wurde er Europa- und 1974 Weltmeister. Sein erster Trainer in München, Tschik Cajkovski, hatte diese Karriere nicht vorausgesehen. Er meinte, dass aus dem „kleinen Dicken" nie etwas werden würde. E 1970

MÜLLER, THOMAS (*13.9.1989)

Schneller, spritziger Stürmer des FC Bayern. Als „Raumdeuter" weiß er immer, wohin er laufen muss, um an den Ball zu kommen. Gewann bei der WM 2010 den „goldenen Schuh" als bester Torschütze.

NETZER, GÜNTER (*14.9.1944)

Spielmacher der deutschen Superelf, die 1972 Europameister wurde. Zweifacher Deutscher Meister mit Mönchengladbach und zweifacher Spanischer Meister mit Real Madrid. Wurde später auch als Fußballkommentator bekannt.

NEUER, MANUEL (*27.3.1986)

Die Nummer eins in der Nationalmannschaft, großer Held auf Schalke, seit 2011 bei Bayern München. Auf der Linie enorm reaktionsschnell. Besondere Spezialität: weite und zielgenaue Abwürfe.

NEYMAR (*5.2.1992)

Der junge brasilianische Stürmer gilt als „neuer Pelé". Bildet seit 2013 zusammen mit Lionel Messi beim FC Barcelona einen Supersturm.

ÖZIL, MESUT (*15.10.1988)

Deutscher Ballkünstler türkischer Herkunft, glänzte in Bremen als Meister des gefühlvollen Passes. Von 2010 bis 2013 wurde er bei Real Madrid an der Seite seines Nationalmannschaftskameraden Sami Khedira zum Weltstar. Heute begeistert er die Fans von Arsenal London.

OVERATH, WOLFGANG (*29.9.1943)

Der brillante Techniker wurde als 20-Jähriger mit dem 1. FC Köln erster Bundesligameister. In der Nationalelf stritt er lange Zeit mit Günter Netzer um die Position des Spielmachers. 1974 setzte er sich gegen den Gladbacher durch und wurde Weltmeister.

PELÉ (*23.10.1940)

Bester Fußballer aller Zeiten. Der geschmeidige und torgefährliche Mittelfeldspieler des FC Santos machte das Trikot mit der Rückennummer 10 berühmt. Mit Brasilien wurde er 1958, 1962 und 1970 Weltmeister. Insgesamt bestritt er 1 363 Spiele und schoss 1 281 Tore. Seine Karriere beendete er 1977 neben Franz Beckenbauer bei Cosmos New York.

PIRLO, ANDREA (*19.5.1979)

Genialer Ballverteiler in der italienischen Nationalelf (Vereine: AC Mailand, Juventus Turin).

PLATINI, MICHEL (*21.6.1955)

Genialer Regisseur aus Frankreich, spielte bei AS St. Etienne und Juventus Turin. Dreimal in Folge Torschützenkönig in Italien und Europas Fußballer des Jahres. 1984 führte er die französische Nationalmannschaft zum EM-Titel. Seit 2007 Präsident der UEFA.

PODOLSKI, LUKAS (*4.6.1985)

Sehr erfolgreicher Stürmer mit guter Schusstechnik in der deutschen Nationalmannschaft. Als "Poldi" Publikumsliebling beim 1. FC Köln, seit 2012 bei Arsenal London.

PUSKÁS, FERENCZ (2.4.1927–17.11.2006)

Stürmer, berühmt für seinen starken linken Fuß. Er war der Star der ungarischen Superelf der 1950er-Jahre. Von 1958 bis 1966 gewann er mit Real Madrid dreimal den Europacup der Landesmeister. In der spanischen Liga wurde er viermal Torschützenkönig. Insgesamt brachte er es bis zum Ende seiner Karriere 1966 auf 1 176 Treffer.

RAHN, HELMUT (16.8.1929–14.8.2003)

Stürmer von Rot-Weiß Essen. Im WM-Endspiel 1954 schoss der „Boss" das entscheidende Tor zum 3:2 gegen Ungarn.

RAÚL (*27.6.1977)

Der geschmeidige Offensivspieler erregte bereits als 17-Jähriger bei Real Madrid mit begeisternden Dribblings Aufsehen und legte dann auch in der spanischen Nationalmannschaft eine erfolgreiche Karriere hin. Im Trikot von Schalke 04, wo er 2010 bis 2012 spielte, war er der Liebling der Fans.

RIBÉRY, FRANCK (7.4.1983)

Der kleine französische Mittelfeldspieler, seit 2007 beim FC Bayern München, erlebte als Kind einen schweren Autounfall, von dem die Narbe in seinem Gesicht herrührt. Heute sorgt er auf dem Fußballplatz mit tollen Dribblings für ordentlich Dampf und begeistert das Publikum. E 2013

ROBBEN, ARJEN (*23.1.1984)

Superdribbler aus den Niederlanden, seit 2009 beim FC Bayern. Mit seinem starken linken Fuß sorgte der eigenwillige Stürmer schon oft für entscheidende Tore.

RONALDINHO (*21.3.1980)

Einst überragender Ballkünstler des FC Barcelona und der brasilianischen Nationalelf, berühmt für schnelle Dribblings und exakte Pässe. Spielt seit 2011 wieder in Brasilien. E 2005, W 2004, 2005

RONALDO (*22.9.1976)

Der schnelle und trickreiche Stürmer aus Brasilien war der Superstar der Jahre 1996 bis 2002. Gehörte mit Figo und Zidane zum Team der „Galaktischen" von Real Madrid. E 1997, 2002, W 1996, 1997, 2002

ROONEY, WAYNE (*24.10.1985)

Bulliger Stürmer von Manchester United, Spitzname „Roonaldo". Er bestritt als 16-Jähriger sein erstes Spiel in der Premier League für den FC Everton. Im englischen Nationalteam eroberte er sich während der EM 2004 in Portugal mit seiner kraftvollen und wilden Spielweise die Herzen der Zuschauer.

RUMMENIGGE, KARL-HEINZ (*25.9.1955)

Schneller, dribbelstarker Stürmer (Bayern München, Inter Mailand) mit zahlreichen Erfolgen: 95 Länderspiele (45 Tore), Europameister 1980, Vizeweltmeister 1982, 1986. Dreimal Bundesliga-Torschützenkönig. Seit 2002 Vorstandsvorsitzender von Bayern München. E 1980, 1981

SAMMER, MATTHIAS (*5.9.1967)

Wurde als unermüdlicher Antreiber im Mittelfeld mit Dynamo Dresden DDR-Meister, mit dem VfB Stuttgart und Borussia Dortmund Meister in der Bundesliga. Höhepunkt in der Laufbahn des rothaarigen „Feuerkopfes" war der Gewinn der Europameisterschaft 1996. Seit 2012 ist er Sportvorstand beim FC Bayern. E 1996

SCHÖN, HELMUT (15.9.1915–23.2.1996)

Klassestürmer des Dresdener SC in den 1940er-Jahren. Der „Lange" wurde als Trainer der BRD-Nationalmannschaft 1972 Europa- und 1974 Weltmeister.

SCHWEINSTEIGER, BASTIAN (*1.8.1984)

Zusammen mit Philipp Lahm bildet der dribbel- und schussstarke „Basti" heute das Gesicht von Bayern München. Früher spielte er offensiver und erzielte tolle Tore. Seit 2009 dirigiert er das Spiel der deutschen Nationalmannschaft im defensiven Mittelfeld.

SEELER, UWE (*5.11.1936)

Kopfballstarker und beliebter Stürmer. Von 1953 bis 1972 schoss „Uns Uwe" in 916 Spielen für den Hamburger SV, seinen Heimatverein, 772 Tore. Als Nationalspieler brachte er es auf 72 Einsätze und 43 Tore.

SINDELAR, MATTHIAS (10.2.1903–23.1.1939)

Herausragender Spieler des österreichischen Wunderteams der 1930er-Jahre. Er konnte den Ball so kunstvoll „streicheln", dass ihn die Wiener einen „Mozart des Fußballs" nannten.

STEFANO, ALFREDO DI (*4.7.1926)

Torgefährlicher Spielmacher der Supermannschaft von Real Madrid, die fünfmal in Folge den Europapokal der Landesmeister gewann (1956–1960). Holte Landesmeistertitel in Argentinien (mit River Plate), in Kolumbien (mit Millionarios Bogota) und in Spanien (mit Real Madrid). E 1957, 1959

STUHLFAUTH, HEINER (11.1.1896–12.9.1966)

Erster Weltklassetorhüter Deutschlands. Gewann mit Nürnberg zwischen 1920 und 1927 fünf deutsche Meisterschaften und spielte dabei in jedem Endspiel zu null.

SZEPAN, FRITZ (2.9.1907–14.12.1974)

Technisch starker Spielmacher des FC Schalke 04. Er begründete zusammen mit seinem Schwager Ernst Kuzorra in den 1930er-Jahren den Ruhm des „Schalker Kreisels".

THIAGO SILVA (*22.9.1984)

Brasilianer, einer der weltbesten Verteidiger (FIFA-Auswahl 2013), elegant und sehr ballsicher. Seit 2012 hat er einen Vertrag beim reichen französischen Meister Paris Saint Germain.

VAN NISTELROOY, RUUD (*1.7.1976)

Der Niederländer („Van the Man"), der kurz auch beim HSV spielte, hält einen Rekord: Er war in drei Ländern (Niederlande, England, Spanien) und dreimal in der Champions League Torschützenkönig. Vereine: PSV Eindhoven, Manchester United, Real Madrid.

VÖLLER, RUDI (*13.4.1960)

Viel bejubelter Stürmer bei Werder Bremen, AS Rom und Olympique Marseille (Champions-League-Sieger 1993). Weltmeister 1990 (90 Länderspiele, 47 Tore). Von 2000 bis 2004 Bundestrainer, seitdem Sportdirektor in Leverkusen.

VOGTS, BERTI (*30.12.1946)

Erfolgreicher Verteidiger bei Gladbach und in der Nationalelf (Weltmeister 1974). Trug den Spitznamen „Terrier", weil er sich so verbissen an die Fersen seiner Gegner heftete. Als Bundestrainer Europameister 1996.

WALTER, FRITZ (31.10.1920–17.06.2002)

Genialer Mittelfeldspieler des 1. FC Kaiserslautern. Als Nationalspieler (61 Länderspiele, 33 Tore) lenkte er die Angriffe seiner Mannschaft mit großem taktischem Verständnis. 1954, als er die deutsche Nationalmannschaft zu ihrem ersten Weltmeistertitel führte, galt er als verlängerter Arm des Bundestrainers Sepp Herberger.

XAVI (*25.01.1980)

Spanischer Supertechniker. Mittelfeldregisseur der spanischen Europa- und Weltmeisterteams von 2008 bis 2012. Drei Champions-League-Siege mit dem FC Barcelona. Wie Messi und Iniesta ist er einer der Spieler, die in der berühmten Fußballschule des Vereins ausgebildet wurden.

ZAMORA, RICARDO (21.1.1901–18.9.1978)

Eleganter Torhüter des FC Barcelona. Galt in den 1920er- und 1930er-Jahren als der Beste seines Faches.

ZIDANE, ZINEDINE (*23.6.1972)

Galt über Jahre als bester Spieler der Welt. Mit Frankreich 1998 Welt- und 2000 Europameister. Erhielt von Adidas anlässlich der Wahl zum Weltfußballer im Jahr 2000 ein Paar goldene Fußballschuhe geschenkt. Zidanes Karriere endete unrühmlich: Nach einem Kopfstoß gegen den Italiener Materazzi wurde er im WM-Finale 2006 vom Platz gestellt. E 1998, W 1998, 2000, 2003

ZOFF, DINO (*28.2.1942)

Torhüter von Juventus Turin. Bestach durch seine unerschütterliche Ruhe. Der beliebte Schlussmann („Dino Nazionale") wurde mit Italien 1968 Europameister und 1982 als 40-Jähriger ältester Weltmeister aller Zeiten.

Statistik

1903 VfB Leipzig
1905 Union 92 Berlin
1906 VfB Leipzig
1907 Freiburger FC
1908 Viktoria 89 Berlin
1909 Phönix Karlsruhe
1910 Karlsruher FV
1911 Viktoria 89 Berlin
1912 Holstein Kiel
1913 VfB Leipzig
1914 SpVgg Fürth
1920 1. FC Nürnberg
1921 1. FC Nürnberg
1923 Hamburger SV
1924 1. FC Nürnberg
1925 1. FC Nürnberg
1926 SpVgg Fürth
1927 1. FC Nürnberg
1928 Hamburger SV
1929 SpVgg Fürth
1930 Hertha BSC Berlin
1931 Hertha BSC Berlin
1932 FC Bayern München
1933 Fortuna Düsseldorf
1934 FC Schalke 04
1935 FC Schalke 04
1936 1. FC Nürnberg
1937 FC Schalke 04
1938 Hannover 96
1939 FC Schalke 04
1940 FC Schalke 04
1941 Rapid Wien
1942 FC Schalke 04
1943 Dresdner SC
1944 Dresdner SC

BR DEUTSCHLAND:
1948 1. FC Nürnberg
1949 VfR Mannheim
1950 VfB Stuttgart
1951 1. FC Kaiserslautern
1952 VfB Stuttgart
1953 1. FC Kaiserslautern
1954 Hannover 96
1955 Rot-Weiß Essen
1956 Borussia Dortmund
1957 Borussia Dortmund
1958 FC Schalke 04
1959 Eintracht Frankfurt
1960 Hamburger SV
1961 1. FC Nürnberg
1962 1. FC Köln
1963 Borussia Dortmund

Bundesliga-Meister
1964 1. FC Köln
1965 SV Werder Bremen
1966 TSV 1860 München
1967 Eintracht Braunschweig
1968 1. FC Nürnberg
1969 FC Bayern München
1970 Borussia Mönchengladbach
1971 Borussia Mönchengladbach
1972 FC Bayern München
1973 FC Bayern München
1974 FC Bayern München
1975 Borussia Mönchengladbach
1976 Borussia Mönchengladbach
1977 Borussia Mönchengladbach
1978 1. FC Köln
1979 Hamburger SV
1980 FC Bayern München
1981 FC Bayern München
1982 Hamburger SV
1983 Hamburger SV
1984 VfB Stuttgart
1985 FC Bayern München
1986 FC Bayern München
1987 FC Bayern München
1988 SV Werder Bremen
1989 FC Bayern München
1990 FC Bayern München
1991 1. FC Kaiserslautern
1992 VfB Stuttgart
1993 SV Werder Bremen
1994 FC Bayern München
1995 Borussia Dortmund
1996 Borussia Dortmund
1997 FC Bayern München
1998 1. FC Kaiserslautern
1999 FC Bayern München
2000 FC Bayern München
2001 FC Bayern München
2002 Borussia Dortmund
2003 FC Bayern München
2004 SV Werder Bremen
2005 FC Bayern München
2006 FC Bayern München
2007 VfB Stuttgart
2008 FC Bayern München
2009 VfL Wolfsburg
2010 FC Bayern München
2011 Borussia Dortmund
2012 Borussia Dortmund
2013 FC Bayern München

Pokalsieger
1935 1. FC Nürnberg
1936 VfB Leipzig
1937 FC Schalke 04
1938 Rapid Wien

1939 1. FC Nürnberg
1940 Dresdner SC
1941 Dresdner SC
1942 TSV 1860 München
1943 Vienna Wien

BR DEUTSCHLAND:
1953 Rot-Weiß Essen
1954 VfB Stuttgart
1955 Karlsruher SC
1956 Karlsruher SC
1957 FC Bayern München
1958 VfB Stuttgart
1959 Schwarz-Weiß Essen
1960 Borussia Mönchengladbach
1961 SV Werder Bremen
1962 1. FC Nürnberg
1963 Hamburger SV
1964 TSV 1860 München
1965 Borussia Dortmund
1966 FC Bayern München
1967 FC Bayern München
1968 1. FC Köln
1969 FC Bayern München
1970 Kickers Offenbach
1971 FC Bayern München
1972 FC Schalke 04
1973 Borussia Mönchengladbach
1974 Eintracht Frankfurt
1975 Eintracht Frankfurt
1976 Hamburger SV
1977 1. FC Köln
1978 1. FC Köln
1979 Fortuna Düsseldorf
1980 Fortuna Düsseldorf
1981 Eintracht Frankfurt
1982 FC Bayern München
1983 1. FC Köln
1984 FC Bayern München
1985 Bayer 05 Uerdingen
1986 FC Bayern München
1987 Hamburger SV
1988 Eintracht Frankfurt
1989 Borussia Dortmund
1990 1. FC Kaiserslautern
1991 SV Werder Bremen
1992 Hannover 96
1993 Bayer 04 Leverkusen
1994 SV Werder Bremen
1995 Borussia Mönchengladbach
1996 1. FC Kaiserslautern
1997 VfB Stuttgart
1998 FC Bayern München
1999 SV Werder Bremen
2000 FC Bayern München
2001 FC Schalke 04
2002 FC Schalke 04

2003 FC Bayern München
2004 SV Werder Bremen
2005 FC Bayern München
2006 FC Bayern München
2007 1. FC Nürnberg
2008 FC Bayern München
2009 Werder Bremen
2010 FC Bayern München
2011 FC Schalke 04
2012 Borussia Dortmund
2013 FC Bayern München

Die besten deutschen Vereine

FC BAYERN MÜNCHEN
23 x Deutscher Meister, 16 x Deutscher Pokalsieger, 5 x Europacup der Landesmeister/Champions League, 1 x Europacup der Pokalsieger, 1 x UEFA-Cup, 3 x Weltpokal /Klub-WM

1. FC NÜRNBERG
9 x Deutscher Meister, 4 x Deutscher Pokalsieger

BV BORUSSIA DORTMUND
8 x Deutscher Meister, 3 x Deutscher Pokalsieger, 1 x Europacup der Pokalsieger, 1 x Champions League, 1 x Weltpokal

FC SCHALKE 04
7 x Deutscher Meister, 5 x Deutscher Pokalsieger, 1 x UEFA-Cup

HAMBURGER SV
6 x Deutscher Meister, 3 x Deutscher Pokalsieger, 1 x Europacup der Pokalsieger, 1 x Europacup der Landesmeister

BORUSSIA MÖNCHENGLADBACH
5 x Deutscher Meister, 3 x Deutscher Pokalsieger, 2 x UEFA-Cup

VFB STUTTGART
5 x Deutscher Meister, 3 x Deutscher Pokalsieger

SV WERDER BREMEN
4 x Deutscher Meister, 6 x Deutscher Pokalsieger, 1 x Europacup der Pokalsieger

1. FC KAISERSLAUTERN
4 x Deutscher Meister, 2 x Deutscher Pokalsieger

1. FC KÖLN
3 x Deutscher Meister, 4 x Deutscher Pokalsieger

SPVGG GREUTHER FÜRTH
3 x Deutscher Meister

HANNOVER 96
2 x Deutscher Meister, 1 x Deutscher Pokalsieger

HERTHA BSC BERLIN
2 x Deutscher Meister

EINTRACHT FRANKFURT
1 x Deutscher Meister, 4 x Deutscher Pokalsieger, 1 x UEFA-Cup

KARLSRUHER SC
1 x Deutscher Meister, 2 x Deutscher Pokalsieger

TSV MÜNCHEN 1860
1 x Deutscher Meister, 2 x Deutscher Pokalsieger

BAYER 04 LEVERKUSEN
1 x Deutscher Pokalsieger, 1 x UEFA-Cup

Europa
Europapokal der Pokalsieger
(letzter Titel 1999)
1961 AC Florenz
1962 Atletico Madrid
1963 Tottenham Hotspur
1964 Sporting Lissabon
1965 West Ham United
1966 Borussia Dortmund
1967 FC Bayern München
1968 AC Mailand
1969 Slovan Bratislava
1970 Manchester City
1971 Chelsea London
1972 Glasgow Rangers
1973 AC Mailand
1974 1. FC Magdeburg
1975 Dynamo Kiew
1976 RSC Anderlecht
1977 Hamburger SV
1978 RSC Anderlecht
1979 FC Barcelona
1980 FC Valencia
1981 Dynamo Tiflis
1982 FC Barcelona
1983 FC Aberdeen
1984 Juventus Turin
1985 FC Everton
1986 Dynamo Kiew
1987 Ajax Amsterdam
1988 KV Mechelen
1989 FC Barcelona
1990 Sampdoria Genua
1991 Manchester United
1992 Werder Bremen
1993 AC Parma
1994 Arsenal London
1995 Real Saragossa
1996 Paris St. Germain
1997 FC Barcelona
1998 Chelsea London
1999 Lazio Rom

Champions League
(bis 1992 Europacup der Landesmeister)
1956 Real Madrid
1957 Real Madrid
1958 Real Madrid
1959 Real Madrid
1960 Real Madrid
1961 Benfica Lissabon
1962 Benfica Lissabon
1963 AC Mailand
1964 Inter Mailand
1965 Inter Mailand
1966 Real Madrid
1967 Celtic Glasgow
1968 Manchester United
1969 AC Mailand
1970 Feyenoord Rotterdam
1971 Ajax Amsterdam
1972 Ajax Amsterdam
1973 Ajax Amsterdam
1974 FC Bayern München
1975 FC Bayern München
1976 FC Bayern München
1977 FC Liverpool
1978 FC Liverpool
1979 Nottingham Forest
1980 Nottingham Forest
1981 FC Liverpool
1982 Aston Villa
1983 Hamburger SV
1984 FC Liverpool
1985 Juventus Turin
1986 Steaua Bukarest
1987 FC Porto
1988 PSV Eindhoven
1989 AC Mailand
1990 AC Mailand
1991 Roter Stern Belgrad
1992 FC Barcelona
1993 Olympique Marseille
1994 AC Mailand
1995 Ajax Amsterdam
1996 Juventus Turin
1997 Borussia Dortmund
1998 Real Madrid
1999 Manchester United
2000 Real Madrid
2001 FC Bayern München
2002 Real Madrid
2003 AC Mailand
2004 FC Porto
2005 FC Liverpool
2006 FC Barcelona
2007 AC Mailand
2008 Manchester United
2009 FC Barcelona
2010 Inter Mailand
2011 FC Barcelona
2012 FC Chelsea
2013 FC Bayern München

Europa League
(1958 bis 1971 Pokal der Messestädte, 1972 bis 2009 UEFA-Cup)
1972 Tottenham Hotspurs
1973 FC Liverpool
1974 Feyenoord Rotterdam
1975 Borussia Mönchengladbach

1976 FC Liverpool
1977 Juventus Turin
1978 PSV Eindhoven
1979 Borussia Mönchengladbach
1980 Eintracht Frankfurt
1981 Ipswich Town
1982 IFK Göteborg
1983 RSC Anderlecht
1984 Tottenham Hotspur
1985 Real Madrid
1986 Real Madrid
1987 IFK Göteborg
1988 Bayer Leverkusen
1989 SSC Neapel
1990 Juventus Turin
1991 Inter Mailand
1992 Ajax Amsterdam
1993 Juventus Turin
1994 Inter Mailand
1995 AC Parma
1996 Bayern München
1997 Schalke 04
1998 Inter Mailand
1999 AC Parma
2000 Galatasaray Istanbul
2001 FC Liverpool
2002 Feyenoord Rotterdam
2003 FC Porto
2004 FC Valencia
2005 ZSKA Moskau
2006 FC Sevilla
2007 FC Sevilla
2008 Zenit St. Petersburg
2009 Schachtar Donezk
2010 Atlético Madrid
2011 FC Porto
2012 Atlético Madrid
2013 FC Chelsea

Die besten Vereine Europas

REAL MADRID
9 x Europacup der Landesmeister/Champions League, 2 x UEFA-Cup, 3 x Weltpokal/Klub-WM; 32 x Spanischer Meister (zuletzt 2013)

AC MAILAND
7 x Europacup der Landesmeister/Champions League, 2 x Europacup der Pokalsieger, 4 x Weltpokal/Klub-WM; 18 x italienischer Meister (zuletzt 2011)

FC LIVERPOOL
5 x Europacup der Landesmeister/Champions League, 3 x UEFA-Cup; 18 x englischer Meister (zuletzt 1990)

FC BARCELONA
4 x Europacup der Landesmeister/Champions League, 4 x Europacup der Pokalsieger, 3 x Messepokal, 2 x Weltpokal/Klub-WM; 22 x spanischer Meister (zuletzt 2013)

AJAX AMSTERDAM
4 x Europacup der Landesmeister/Champions League, 1 x Europacup der Pokalsieger, 1 x UEFA-Cup, 2 x Weltpokal/Klub-WM; 32 x niederländischer Meister (zuletzt 2013)

INTER MAILAND
3 x Europacup der Landesmeister/Champions League, 3 x UEFA-Cup, 2 x Weltpokal/Klub-WM; 18 x italienischer Meister (zuletzt 2010)

MANCHESTER UNITED
3 x Europacup der Landesmeister/Champions League, 1 x Europacup der Pokalsieger, 2 x Weltpokal/Klub-WM; 20 x englischer Meister (zuletzt 2013)

JUVENTUS TURIN
2 x Europacup der Landesmeister/Champions League, 1 x Europacup der Pokalsieger, 3 x UEFA-Cup, 2 x Weltpokal/Klub-WM; 29 x italienischer Meister (zuletzt 2013)

FC PORTO
2 x Europacup der Landesmeister/Champions League, 2 x UEFA-Cup, 2 x Weltpokal/Klub-WM; 27 x portugiesischer Meister

Weltmeisterschafts-Endspiele

1930 IN URUGUAY:
Uruguay–Argentinien 4:2
1934 IN ITALIEN:
Italien–Tschechoslowakei 2:1 n.V.
1938 IN FRANKREICH:
Italien–Ungarn 4:2
1950 IN BRASILIEN:
Uruguay Weltmeister, kein Endspiel
1954 IN DER SCHWEIZ:
BR Deutschland–Ungarn 3:2
1958 IN SCHWEDEN:
Brasilien–Schweden 5:2
1962 IN CHILE:
Brasilien–Tschechoslowakei 3:1
1966 IN ENGLAND:
England–BR Deutschland 4:2 n.V.
1970 IN MEXIKO:
Brasilien–Italien 4:1
1974 IN DEUTSCHLAND:
BR Deutschland–Niederlande 2:1
1978 IN ARGENTINIEN:
Argentinien–Niederlande 3:1 n.V.
1982 IN SPANIEN:
Italien–BR Deutschland 3:1
1986 IN MEXIKO:
Argentinien–BR Deutschland 3:2
1990 IN ITALIEN:
BR Deutschland–Argentinien 1:0
1994 IN USA:
Brasilien–Italien 0:0 n.V./3:2 i.E.
1998 IN FRANKREICH:
Frankreich–Brasilien 3:0

2002 IN JAPAN/KOREA:
Brasilien–BR Deutschland 2:0
2006 IN DEUTSCHLAND:
Italien–Frankreich 1:1 n.V./5:3 i.E.
2010 IN SÜDAFRIKA:
Spanien–Niederlande 1:0 n.V.
2014 IN BRASILIEN:

Europameisterschafts-Endspiele

1960 IN FRANKREICH:
Sowjetunion–Jugoslawien 2:1 n.V.
1964 IN SPANIEN:
Spanien–Sowjetunion 2:1
1968 IN ITALIEN:
Italien–Jugoslawien 1:1 n.V.; 2:0 nach Wiederholungsspiel
1972 IN BELGIEN:
BR Deutschland–Sowjetunion 3:0
1976 IN JUGOSLAWIEN:
Tschechoslowakei–BR Deutschland 2:2 n.V., 5:3 i.E.
1980 IN ITALIEN:
BR Deutschland–Belgien 2:1
1984 IN FRANKREICH:
Frankreich–Spanien 2:0
1988 IN DEUTSCHLAND:
Niederlande–Sowjetunion 2:0
1992 IN SCHWEDEN:
Dänemark–BR Deutschland 2:0
1996 IN ENGLAND:
BR Deutschland–Tschechien 2:1 n.V
2000 IN BELGIEN/NIEDERLANDE:
Frankreich–Italien 2:1 n.V.
2004 IN PORTUGAL:
Griechenland–Portugal 1:0
2008 IN ÖSTERREICH/SCHWEIZ:
Spanien–Deutschland 1:0
2012 IN POLEN/UKRAINE:
Spanien–Italien 4:0

Die erfolgreichsten Fußball-Nationen

BRASILIEN
Weltmeister 1958, 1962, 1970, 1994, 2002
8 x Copa America
ITALIEN
Weltmeister 1934, 1938, 1982, 2006
Europameister 1968
DEUTSCHLAND
Weltmeister 1954, 1974, 1990
Europameister 1972, 1980, 1996
ARGENTINIEN
Weltmeister 1978, 1986
14 x Copa America
URUGUAY
Weltmeister 1930, 1950
15 x Copa America
SPANIEN
Weltmeister 2010
Europameister 1964, 2008, 2012

FRANKREICH
Weltmeister 1998
Europameister 1984, 2000
ENGLAND
Weltmeister 1966

Die deutsche Nationalmannschaft in der Statistik

GESAMTBILANZ NACH DFB (5.4.1908 bis 31.12.2013):
881 Spiele, 511 Siege, 178 Unentschieden, 192 Niederlagen, 1980:1052 Tore

Ganz aktuell auf: www.dfb.de

REKORDSPIELER (DFB BIS 31.12.2013):
1. Lothar Matthäus: 150 Länderspiele
2. Miroslav Klose: 130 Länderspiele
3. Lukas Podolski: 111 Länderspiele
4. Jürgen Klinsmann: 108 Länderspiele
5. Jürgen Kohler: 105 Länderspiele
6. Philipp Lahm: 104 Länderspiele
7. Franz Beckenbauer: 103 Länderspiele

TORJÄGER:
1. Gerd Müller: 68 Tore/62 Länderspiele
2. Miroslav Klose: 68 Tore/130 Länderspiele
3. Rudi Völler: 47 Tore/90 Länderspiele
4. Jürgen Klinsmann: 47 Tore/108 Länderspiele
5. Lukas Podolski: 46 Tore/111 Länderspiele

DIE MEISTEN TORE IM DURCHSCHNITT:
Ernst Willimowski (8 Länderspiele/13 Tore): 1,6 Tore pro Spiel

DIE MEISTEN TORE IN EINEM SPIEL:
Gottfried Fuchs: 10 Tore
(Deutschland–Russland 16:0, 1912)
Otto Siffling („Breslau-Elf"): 5 Tore
(Deutschland–Dänemark 8:0, 1937)

HÖCHSTER SIEG:
16:0 gegen Russland (1.7.1912, Stockholm)

HÖCHSTE NIEDERLAGE:
0:9 gegen England (16.3.1909, Oxford)

Ewige WM-Tabelle

Platz	Land (WM-Teilnahmen)	Spiele	G	U	V	Tore	Punkte
1	Brasilien (19)	97	67	15	15	210:88	216
2	Deutschland (17)	99	60	19	20	206:117	199
3	Italien (17)	80	44	21	15	126:74	153
4	Argentinien (15)	70	37	13	20	123:80	124
5	England (13)	59	26	19	14	77:52	97
6	Spanien (13)	56	28	12	16	88:59	96
7	Frankreich (13)	54	25	11	18	96:68	86
8	Niederlande (9)	43	22	10	11	71:44	76
9	Uruguay (11)	47	18	12	17	76:65	66
10	Schweden (11)	46	16	13	17	74:69	61

Für einen Sieg werden drei Punkte, für ein Remis ein Punkt vergeben; Elfmeterschießen werden Unentschieden gewertet; bei Punktgleichheit entscheidet zuerst das Torverhältnis, dann die Anzahl der Siege über die Platzierung.

INDEX

 **Der Mensch**
 **Energie**
 **Chemie**
 **Entdecker** und ihre Reisen
 **Die Sterne**
 **Das Wetter**
 **Das Mikroskop**

 **Der Mond**
 **Akustik**
 **Wissenschaften**
 **Insekten**
 **Bäume**
 **Meereskunde**
 **Pilze**

 **Fische**
 **Indianer**
 **Schmetterlinge**
 **Mechanik**
 **Elektronik**
 **Luft und Wasser**
 **Das Auto**

 **Fotografie**
 **Die alten Griechen**
 **Eiszeiten**
 Geschichte der **Medizin**
 **Natur** erforschen und schützen
 **Fossilien**
 **Heimtiere**

 **Gladiatoren**
 **Höhlen**
 **Mumien**
 **Ritter**
 Der **Regenwald**
 **Schatzsuche**
 **Zauberer, Hexen und Magie**

 Tiere im **Zoo**
 **Europa**
 **Bären**
 **Bauernhof**
 **Bionik**
 **Päpste**
 **Bergbau** Schätze der Erde